命には続きがある

矢作直樹／一条真也

PHP文庫

○本表紙図柄＝ロゼッタ・ストーン（大英博物館蔵）
○本表紙デザイン＋紋章＝上田晃郷

はじめに　文庫版の刊行にあたって

このたび、二〇一三年に出版した単行本『命には続きがある』を文庫化していただけることになりました。そこで単行本版の〝はじめに〟を若干手直しさせていただきます。

一条真也さんをはじめて知ったのは、『愛する人を亡くした人へ』（現代書林）を拝読したときです。その、月をテーマにし、手紙形式で、宗教・思想への広く深い知識を優しい言葉で語った、斬新かつ洗練された内容にたいへん感動しました。

後に、私が『人は死なない』（バジリコ）という本を書いたときに、一条さんのお名前を誤記するという失態を犯しました。一条さんのブログでその誤りを指摘されているのを知り、申し訳ない気持ちでいっぱいになりました。

早速、出版社に訂正をお願いして、次の版から直していただけることとなり、その旨を一条さんにお伝えしました。

たいへんな失礼にさぞかしご気分を害されたことと恐縮していたところ、お心のこもったお許しのお手紙とご高著をいただきました。その中で一度お会いしましょう、とお声をかけていただきました。

二〇一一年十一月に、当時私が奉職していた東大病院にわざわざお越しいただき、初めてお会いいたしました。その中で洗練された文章の裏には幼少時からご自宅の書庫に蓄えられた父上の膨大な蔵書を読破されてこられたことをお聞きして、驚きました。それとともに、この文章のもとになる豊富な現場経験をお持ちでいらっしゃることを知り納得がいきました。

本書を手にされた方は、一条真也氏について私よりもよくご存じの方も多いとは存じますが、ご存じない方のためにすこしご紹介すると、これまで一〇〇冊以上の著作を持つ作家として、つとに有名ですが、同時に冠婚葬祭業を営まれる企業の代表、経営者としての顔をお持ちです。社長室で執務をするだけではなく、時には葬儀や結婚式などの儀式の現場に立ち会われているとお聞きしています。常に日本人の死生観と冠婚葬祭業界の使命を熱く語られる姿には、私のほうが年上ではありますが、心から尊敬に足る人物の一人であることを書き添えておきます。

とくに感動したのは、二〇一一年三月の東日本大震災のときに、急に生じた多くのご遺体のために一条さんが理事を務める業界団体が御棺《おかん》を準備され、業界をあげて全力で現地に搬送し、なんとか納棺に漕ぎ着けたと伺ったときです。

膨大な知識、優れた文章構成力、そしてそれを支える豊富な現場経験をお持ちの一条さんと対談できたことは誠にありがたいことでした。

私は医療現場の人間でしたので、病院からお帰りになられた患者さんのその後については関わっておりませんでした。ですので、一条さんからご遺族の方々との心のやりとりまでをいろいろお伺いでき、たいへん勉強になりました。そしてそれを医療現場にフィードバックしていくことで、ご遺族へのケアに役立たせることができていたとしたら幸いでした。

このたびあらためて一条さんと、新型コロナ騒動について対談させていただいた部分を序章として付け加えました。大自然とともに暮らしたご先祖の生死《しょうじ》に対する心意気について一条さんと確認させていただき勇気をいただきました。

この本をお手にとってくださった読者の方々がお気持ちの上でいかばかりかのご安堵を得られんことを心より願っています。

矢作直樹

命には続きがある

目次

第1章　死の壁を越えて

第2章 見える世界と見えない世界をめぐって

第3章 死者＝肉体を脱いだ霊魂

第6章 日本人の死に欠かせないもの

第3部 葬る——人はいかに送られるのか

第7章　葬儀という儀式に込められたもの

第8章　人は葬儀をするサルである

編集協力――内海準二

序章

ウイルスとともに生きていく

■コロナ騒動で問われる日本人の対応力

一条　すっかりご無沙汰しました。七年ぶりの対談ということで、お会いできるのを大変楽しみにしていました。

矢作　もう七年になりますね。お元気ですか？

一条　はい。おかげさまで元気にしております。矢作さんもお元気そうで、何よりです。この七年間をちょっと振り返っただけで、改元がありましたし、今は新型コロナウイルスの感染拡大という想定外の事態に直面するとは……。

矢作　冠婚葬祭業にも影響は出ていますよね。

一条　「3密」を避けるということで、人が集まる儀式は自粛、そして中止になっています。

コロナ禍では、卒業式も入学式も結婚式も自粛を求められ、通夜や葬式さえ危険と認識されました。儀式は人間が人間であるためにあるものです。儀式なくして人生はありません。まさに、新型コロナウイルスは「儀式を葬るウイルス」といえるでしょう。

そして、それはそのまま「人生を葬るウイルス」ともいえます。人間の「こころ」は、どこの国でも、いつの時代でも不安定です。だから、安定するための「かたち」すなわち儀式が必要なのです。そこで大切なことは先に「かたち」があって、そこに後から「こころ」が入るということ。逆ではダメです。「かたち」があるから、そこに「こころ」が収まるのです。ちょうど不安定な水を収めて安定させるコップという「かたち」と同じです。

人間の「こころ」が不安に揺れ動くときとはいつか？　それは、子どもが生まれたとき、子どもが成長するとき、子どもが大人になるとき、結婚するとき、老いてゆくとき、そして死ぬとき、愛する人を亡くすときなどです。その不安を安定させるために、初宮詣、七五三、成人式、長寿祝い、葬儀といった「かたち」としての一連の人生儀礼があるのです。

多くの儀式の中でも、人間にとって最も重要なものは「人生の卒業式」である葬儀ではないでしょうか。しかし、新型コロナウイルスによる肺炎で亡くなった方の葬儀が行うことができない状況が続いています。

わたしは今、このようなケースに合った葬送の「かたち」、そして、グリーフケアを模索しています。

矢作 新型コロナウイルス感染で亡くなられた方のご葬儀ができないだけでなく、一般の葬儀もできないというのをお聞きしています。

一条 はい。新型コロナウイルスによる肺炎で亡くなった方の葬儀を行うことができない状況が続いています。代表的な方では今年（二〇二〇年）三月二十九日、日本を代表するコメディアンであった志村けんさんが七十歳で亡くなられましたが、ご遺族がご遺体に一切会えないまま荼毘《だび》に付されました。新型コロナウイルスに感染した患者さんは最期に家族にも会えず、亡くなった後も葬儀を開いてもらえない。ご遺族は、二重の悲しみを味わうことになります。

矢作さんが言われる通り、肺炎で亡くなった方の中には新型コロナウイルスかと疑われる場合もあるので、参列を断ったり、儀式を簡素化するケースも増えてきています。

矢作 医療現場でも同じようなことが起こっていますね。新型コロナウイルスに対して過剰反応をしていますね。新型コロナウイルスだけを特別扱いして過剰反応するのをやめましょう、と言いたい。
　風邪などによる感染性肺炎の死亡者は実に九万五四九八人（二〇一九年）です。その中には、インフルエンザ肺炎死亡者数は三五七一人も含まれます。
　この死亡者数の違いは、医療機関が今回のコロナでのみ頑張り、他の感染症で手を抜いたという訳ではありません。

一条　このまま新型コロナウイルスによる感染者が増加すると、「救える命も救えなくなる」と危機感を口にされている医療関係者も多いですよね。

矢作　救急医療に携わってきた医師の一人として申し上げたいのは、このような感染症がまったく取り沙汰されず今回の新型コロナウイルスだけ問題にするのはバランスが悪いということです。

一条　矢作さんの落ち着いた口調で話されると、過剰に不安を抱くことがないことを実感できます。

矢作　生きることはゼロリスクではありえません。昔の日本人はそのことを知っていました。昔といってもそんなに古い話でありません。毎年減少しているとはいえ、今でも結核で年間二〇八八人（二〇一九年）が死亡しています。

一条　結核は、すでに克服されていたと思っていましたが、そんな亡くなられているんですか。

矢作　私事で恐縮ですが、大正生まれの両親はいずれも結核を患いました。父は大学生のときに八年臥床《がしょう》して中退、母は小学生のときに、医師だった自分の父親に診断された肺浸潤（かつての肺結核の初期の状態）で一年留年しました。

人口六〇〇〇万～七〇〇〇万人の当時、まだ抗生物質はなく、死亡原因の第一位だった結核で毎年一二万人から一五万人が亡くなっていました。それでも、家族の中に結核感染者が出ても運命共同体なので今の風邪症候群と同様、父母の両親たちは普通に接していたそうです。少なくとも後世言われるような「死の病として恐れられた」といった感覚はなく、感染するしないを考えることもなかったそうです。そうこうしているうちに日華事変から第二次世界大戦となり生きるのに必死でさらにそれどころでなくなりました。

新型コロナウイルスの推移を見て慣れてくれれば、不安による思考停止から脱し、それが〝どれくらいのもの〟かわかると思います。日本における新型コロナウイルスによる死亡者数は二四六五人（二〇二〇年十二月十日時点）です。昨年同日の死亡者が八六万人ですから、わずか〇・二八%程度です。もちろん日本人が自分たちで行動制限をしたからこのくらいで済んでいると考える方もいらっしゃるかもしれません。また、実際のところ新型コロナウイルスは自然発生ではないので少々しつこく、重篤化すると特徴的な病像を呈しますが。

一条　数字で教えていただくとわかりやすい。

矢作　この世で生活していくには現実的な折り合いが大切です。言わずもがなですが、感染を恐れて逼塞《ひっそく》していたら自身の健康を害するだけでなく、生活が成り立たなくなります。この折り合いをつけていく中で空気感染に近いウイルスの伝播を現実的な方法で完全に〝防ぐ〟ことはできません。往生際が肝心です。それを受け入れて、他力本願せず、腹を括《く》ってわたしたち自身が心身の力を高めるしかないのです。

一条　数字で見るという考え方は、現在の社会において葬儀の意味が見失われてきた理由を知る意味でも有効です。厚生労働省の「人口動態調査」によれば、自宅死と院内死がほぼ拮抗するのは一九七五年のことです。そのあたりを境に自宅死と院内死は逆転していきます。じつは、現在の直葬や家族葬に代表される「薄葬」化はここから始まったと見られています。

この当時、子どもだった人々は現在五十歳代ですが、自宅で祖父母が亡くなった経験を持たないために、「死」や「葬」の意味を知らない世代だといえるのです。いずれにせよ、一九七五年からは院内死は増え続け、自宅死は減り続けて、現在では院内死が七五％、自宅死が一〇％強となっています。

■正しい情報をもつことの大切さ

矢作　医師としてお伝えしたいことがいくつかあります。それは、そのようなしっかりした情報を入手してほしいということです。
現在に至るまでPCR検査をスクリーニングに使っているために〝感染〟や〝有症状者（患者）〟が正しくとらえられていないことです。そもそもPCR検査＝感染者という定義は不適当と言わざるをえません。なぜなら偽陽性、偽陰性が多すぎるからです。PCRは施行される施設により、使用するキット、RNA処理の確実さがまちまちです。

また、我が国ではＰＣＲの増幅数（Ｃｔ値）について、国立感染症研究所のマニュアルで四十以内で陽性と高い値が設定されているために偽陽性の可能性が上がります。一方、ウイルスが検体採取部位にいなければ偽陰性となります。つまり、ＰＣＲ検査のみでスクリーニングすることは不適当だということです。

ＰＣＲ検査を前提にした不確かな数字が独り歩きし、皆が「新型コロナウイルスとはどのようなものか」という実態を見誤るという結果になっています。例えていうなら、最初の〝言葉〟を伝え間違えた伝言ゲームとでもいえるのではないでしょうか。

一条　わたしたちは、そうした言葉に踊らされているということですね。

矢作　発表された情報だけを信じる、ということを自重すればいいのではないかと思います。

たとえば、空気感染するウイルスへの対応は、今回のように早期に水際で止めることが事実上不可能だったので、「伝播を止めるのは困難」「濃厚曝露を避ける」「個人の抵抗力」が基本だということです。

一条　もう少し詳しく教えていただけますか。

矢作　わかりました。〝ゼロリスク〟を求め、「科学的検証に拠る」を重視しすぎるあまり、日本人が本来持っていた〝対象をとらえ値踏みする肌感覚〟を忘れているということです。〝感染者〟ではなく〝有症状者〟に注目すべきで、その中に新型コロナ患者もいる、というのがわたしの認識ですね。というか、多くの医療従事者の意見ではないでしょうか。

一条　「感染」は完全に防げないし、できるだけ気をつけながら日々の生活を送るということですね。抵抗力が減少するようなストレスを減らすわけですね。

矢作　そうです。完全に封じ込める、という発想はもたないことです。「ストレス」についても少しだけお話すれば、ストレスは言い訳に使われています。悪いもの、というイメージができあがってきていますが、もともとストレスにいいも悪いもありません。〝ストレスは悪いもの〟という価値観をつくってしまった。わたしたちは日々、ストレスを感じながら生きています。ストレスを感じない生活をするのではなく、ストレスとうまくつきあうということです。たとえば大腸がんの予後《よご》と「怒り」の関係が報告されています。よく怒る人は、怒りを抱かない人より余命が短いというものです。

一条　ワクチンの開発が救世主のように言われたり、変異するからワクチンの有効性は疑わしいなど、噂レベルの話も広がっていますよね。

矢作　変異はウイルスの基本的性質の一つですから、当然変わってしまいます。今、ワクチンの供給が始まるという段階まで来ていますが、医師の目から見れば、副作用や後遺症などのリスクがあると思います。

一条　ワクチンとはそういうものだ、ウイルスが変異するのは当たり前、そんな冷静な対応が重要なんですね。

矢作　不安・恐怖にとらわれると五感や理性がマヒして事態やその変化をとらえられなくなります。そして社会・組織・個々人の分断を生み、ひいては生活を壊して元も子もなくなる、ということです。

■新型コロナウイルスが加速させる「転換」

一条　先ほどお話したように新型コロナウイルス感染増加で葬儀ができない、と嘆いていますが、葬儀を軽視する風潮はパンデミック以前から始まっていました。家族葬に代表される「薄葬」の流れです。当たり前だと思っていた葬儀ができなくなったことで、その必要性が問われているということです。
卒業式や入学式、成人式なども、形骸化しているといわれて軽視されてきました。人生の節目である、卒業式や入学式ができなかった子どもたちは本当にかわいそうです。
わたしが特に気になっているのが結婚式です。菅首相には、日本人が結婚式を挙げる政策を立てていただきたいと思い、「ＧｏＴｏウエディング」というのを政府にお願いしました。

矢作　「ＧｏＴｏウエディング」？

一条　はい。「ＧｏＴｏトラベル」と同じようなキャンペーンです。正直に言えば、「ＧｏＴｏキャンペーン」には疑問があります。わたしの会社は九州の福岡県にあるので、東京には出張で頻繁に訪れますが、東京に来るたびに、現在は使いきれないほどの地域共通クーポン（金券）をくれます。これがどうも、健全な活動には思えません。

では、なぜ「ＧｏＴｏウエディング」を進めたいかといえば、それは今、日本が新型コロナウイルス感染以上の国難に遭遇していると考えるからです。「ＧｏＴｏウエディング」とは、結婚式の費用とか交通費などを助成するものです。これは「ＧｏＴｏトラベル」とか「ＧｏＴｏイート」と違って、単なる特定の業界のための救済策ではありません。「ＧｏＴｏトラベル」や「ＧｏＴｏイート」よりも「ＧｏＴｏウエディング」のほうがずっと重要です。なぜなら、これは経済のためではなく、社会のために行うものだからです。

矢作　社会のため？

一条　今、日本は新型コロナウイルス以上の国難を迎えています。

矢作　コロナ以上の国難？

一条　それは少子化による、人口の減少です。日本政府は不妊治療の支援をはじめとした社会制度の整備を声高にいいますが、「少子化」の前に「非婚化・晩婚化」の問題があるということです。

国立社会保障・人口問題研究所が発表した「日本の将来推計人口」（二〇一七年）によれば、二〇一五年には約一億二七〇〇万人だった日本の総人口が、四十年後には九〇〇〇万人を下回り、百年も経たないうちに五〇〇〇万人ほどに減少することが予測されています。

大正大学客員教授の河合雅司氏は、「こんなに急激に人口が減るのは世界史において類例がない。われわれは、長い歴史にあって極めて特異な時代を生きているのである」と述べています。人口減少を食い止める最大の方法は、言うまでもなく、たくさん子どもを産むことです。そのためには、結婚するカップルがたくさん誕生しなければならないのですが、現代日本には「非婚化・晩婚化」という、「少子化」より手前の問題が潜んでいます。

矢作 結婚式を挙げないことが問題だと……。

一条 政府がこれまで少子化に対する具体策として講じてきたのは、男女共同参画、待機児童対策などですが、これらは既に結婚、出産、子育てを経験している人々に対してのものです。その手前の「非婚・晩婚」については、特に政策として具体的な手が打たれていないのです。

じつはこの問題、わが社のような冠婚葬祭互助会が最も対応可能であると思っています。わが社も「婚活クラブ」を運営しています。専属カウンセラーが、成婚までではなく披露宴まで徹底サポートすることが特徴ですが、創業三十三年で七〇〇組を超える実績があります。

ところが、新型コロナウイルスの感染拡大によって、メイン事業である「婚活パーティー」がなかなか開催できません。また、冠婚葬祭互助会は結婚式を提供しますが、この結婚式が新型コロナウイルスによって延期や中止が相次ぎ、日本のブライダル産業そのものが危機的な状態にあります。葬儀部門を抱えている互助会はまだ大丈夫ですが、結婚式場だけの会社やホテルはかなり厳しいのではないでしょうか。おそらく今年の結婚式の数、婚姻数も過去最低となることは明らかです。

しかし、わたしは、結婚式は社会を維持していくために必要な文化装置であると考えます。なぜなら、結婚式を挙げなかったら婚約する覚悟というものが定まらず、結婚そのものが減少するからです。わが社では、毎年八月、夏休みに、小学生とそのお母さんたちを対象に模擬結婚式をはじめとする「親子で一緒にウエディング体験会」というイベントを開催しているのですが、コロナ禍の今年は中止となり、まことに残念でした。

矢作　親子での体験会ですか。面白い活動をされていますね。

一条　本当に必要でないのなら、日本人はこれから結婚式を挙げなくても構いません。ブライダル産業が消滅しても仕方ないでしょう。しかし、結婚式は絶対に必要なものと考えています。

日本人の神話である『古事記』では、イザナギとイザナミはまず儀式をしてから夫婦になっています。つまり、結婚よりも結婚式のほうを優先しているのです。他の民族の神話を見てもそうでした。すべて、結婚式があって、その後に最初の夫婦が誕生しています。結婚式の存在が結婚という社会制度を誕生させ、結果として夫婦を生んできたのです。結婚式があるから、多くの人は婚約し、結婚するのです。結婚するから、子どもが生まれ、結果として少子化対策となります。

矢作　まず結婚式を挙げなさい、一条さんらしい考え方ですね。

一条　結婚がなくなれば、子どもの出生が少なくなり、子どもが成長して大人となり、老いていって次の世代へつながることもなくなります。すなわち、結婚は生命のサイクルの起点なのです。観光や外食と違って、結婚式は社会の維持のために絶対に必要です。冠婚業は決して単なるサービス産業ではありません。日本という国を継続させていくエンジンのような存在です。

矢作　少子化問題は子育ての中心であった女性、主婦が労働者になってしまったという側面もあると思います。これはグローバル化が生み出したものですね。わたしは、グローバル化そのものは悪いとはいいませんが、行き過ぎたグローバル化はやはり問題があると思っています。そこにブレーキをかけたのが、今回の新型コロナウイルスとはいえますね。

さらにいうなら、一条さんが指摘されている少子化も、少し視点を変えてみれば、「量から質へ」という転換でとらえることもできます。そのきっかけを今回の感染が与えてくれた気がします。

一条　量から質ですか……。

矢作　たとえば今、「レインボーチルドレン」と呼ばれる世代がいます。将棋の藤井聡太さんやメジャーリーガーの大谷翔平選手などがその代表といえるでしょう。今までと違う能力をもった世代の出現です。確かに人口は国力ですが、量だけではないという視点も今回の感染が教えてくれた。

一条　ご指摘のように人間を労働力の一部と考えれば、ＡＩが担う時代も来ていますね。今、新型コロナウイルス感染を恐れて人材が不足している医療分野でも、ＡＩなどの活用がいわれていますね。

矢作　ＡＩは身体的な診断に有効になってくるでしょうね。ただ、心といいますか、魂の部分では人間にしか診断できない部分もあるでしょう。今、医療現場でも従来の西洋型の検査を積み上げていく診断から、全人的な診断といった変化がみられています。これも量から質の転換ですね。

一条　その変化を今回のパンデミックが加速させるということですね。

矢作　火山の噴火と同じで、新型コロナウイルスが仮に収束したとしても元の形に戻りません。変化した時代をしっかり見極めることが大切です。

一条　長年、医療の最前線で活躍されてこられた矢作さんの姿を久々に拝見して、わたしは「人の道」ということを思い起こしました。

『コロナの時代の僕ら』（早川書房）という本の著者であるイタリアの小説家パオロ・ジョルダーノは、同書の最後に「家にいよう。そうすることが必要な限り、ずっと、家にいよう。患者を助けよう。死者を悼み、弔おう」と書いています。これを読んで、わたしはアンデルセンの童話『マッチ売りの少女』を連想しました。この短い物語には二つのメッセージが込められています。

一つは、「マッチはいかがですか？　マッチを買ってください！」と、幼い少女が必死で懇願していたとき、通りかかった大人はマッチを買ってあげなければならなかったということです。少女の「マッチを買ってください」とは「わたしの命を助けてください」という意味だったのです。これがアンデルセンの第一のメッセージでしょう。

では、第二のメッセージは何か。それは、少女の亡骸を弔ってあげなければならなかったということです。行き倒れの遺体を見て、そのまま通りすぎることは、人として許されません。死者を弔わなければなりません。そう、「生者の命を助けること」「死者を弔うこと」の二つこそ、国や民族や宗教を超えた人類普遍の「人の道」です。今回のコロナ禍は、改めてそれを示したのです。

矢作　オスカー・ワイルドの『幸福な王子』も同じようなメッセージですよね。童話には、人間にとって最も大切なことが書かれているのですね。

■コロナが世界を一つにした⁉

一条　誤解を恐れずに申し上げると、新型コロナウイルス感染症が引き起こしたパンデミックは悪いことばかりない、という気がします。

今回のパンデミックですが、わたしは新しい世界が生まれる陣痛のような気がします。なぜなら、この問題は国際的協力なくしては対処できないからです。アメリカと中国とか、日本人と韓国人とか、キリスト教とイスラム教とか、そんな対立関係を言っている余裕はありません。人類が存続するためには、全地球レベルでの協力が必要とされます。もはや、人類は国家や民族や宗教の違いなどで対立している場合ではないのです。

「パンデミック宣言」は「宇宙人の襲来」と同じようなものです。新型コロナウイルスも、地球侵略を企むエイリアンも、ともに人類を「ワンチーム」にしてくれる外敵なのですから。よく考えてみると、こんなに人類が一体感を得たことが過去にあったでしょうか。戦争なら戦勝国と敗戦国がある。自然災害なら被災国と支援国がある。しかし、パンデミックの場合は「一蓮托生《いちれんたくしょう》」ではありませんか。「人類はみな兄弟」という倫理スローガンが史上初めて具現化したという見方もできないでしょうか。

今回のパンデミックを大きな学びとして、人類が地球温暖化をはじめとした地球環境問題、そして長年の悲願である戦争根絶と真剣に向き合うことができることを望むばかりです。

矢作　人類はこれまで細菌感染のペストやコレラ、あるいはウイルス感染の天然痘などの疫病を克服してきましたからね。

一条　その時々の共同体内で人々が互いに助け合い、力を合わせてきたからです。新型コロナウイルスはITの普及によって全世界にもたらされている悪い意味での「万能感」を挫《くじ》き、人類が自然に対しての畏れや謙虚さを取り戻すことが求められます。パンデミックが完全に収束した後に開催されるオリンピックこそ、真の人類の祭典になる気がします。

矢作　本当にそうですね。

一条　じつは昨日、わが家の隣に住む方が亡くなりました。本当は葬儀に参列したかったのですが、「家族葬だから」と参列を断られました。わたしは「隣人を大切に」ということを口癖のように言っているのに、隣人の一人として亡くなられた方の葬儀に出席できない、ということで後ろ髪をひかれる思いがありました。

矢作　社会とどう接しているかというのは、個人の考え方ひとつではないでしょうか。今、孤独死というのが社会問題になっていますが、これについてはいかがですか。

一条　わたしたちも、そういう方の葬儀がいろいろなトラブルになっています。

矢作　天涯孤独で亡くなられた方は、最期は行政の仕事となりますよね。孤独死になれば異状死体として医療従事者が携わることにもなるわけです。

一条　最期をどう迎えるか、これは個人の問題でもありますね。

矢作　いわゆる「終活」ですね。

一条　「終活」とは「終末活動」の略語です。わたしは「終」という言葉が嫌いで、代わりに「修」の字、人生をいかに修めるかということで「修活」という言葉を使っています。本書のタイトルにあるように「命には続きがある」わけで、死は決して「終わり」ではありませんからね（笑）。

わたしは人生の終《しま》い方としての「終活」ではなく、人生の修め方としての「修活」をおすすめしています。考えてみれば、「就活」も「婚活」も広い意味での「修活」ではないかと思います。学生時代の自分を修めることが就活であり、独身時代の自分を修めることが婚活なのです。

そして、人生の集大成としての「修活」があります。今の日本人は「礼節」という美徳を置き去りにし、人間の尊厳や栄辱の何たるかも忘れているように思えます。それは、戦後の日本人が「修業」「修養」「修身」「修学」という言葉で象徴される「修める」という覚悟を忘れてしまったからではないでしょうか。

老いない人間、死なない人間はいません。死とは、人生を卒業することであり、葬儀とは「人生の卒業式」にほかなりません。老い支度、死に支度をして自らの人生を修める……この覚悟が人生をアートのように美しくするのではないでしょうか。

矢作　わたしもやっていますよ。終末医療のこと、葬式のこと、相続のこと、さらに借金のないことなど文書にしたためています（笑）。

一条　コロナ禍の今、わたしの生業である冠婚葬祭業は制約が多く、ままならない部分もあります。身体的距離は離れていても心を近づけるにはどうすればいいかというのは、この業界の課題でもあります。

感染症に関する書物を読むと、世界史を変えたパンデミックでは、遺体の扱われ方も凄惨《せいさん》でした。十四世紀のペストでは、死体に近寄れず、穴を掘って遺体を埋めて燃やしていたのです。十五世紀にコロンブスが新大陸を発見した後、インカ文明やアステカ文明が滅びたのは天然痘の爆発的な広がりで、遺体は放置されたままでした。

二十世紀のスペイン風邪でも、第一次世界大戦が同時進行中だったこともあり、遺体がぞんざいな扱いを受ける光景が、欧州の各地で見られました。人間尊重からかけ離れた行いです。その反動で、感染が収まると葬儀というものが重要視されていきます。人々の後悔や悲しみ、罪悪感が高まっていったのだと推測されます。コロナ禍が収まれば、もう一度心ゆたかに儀式を行う時代が必ず来ると思います。

今日は、いろいろ貴重なお話をありがとうございました。

矢作　こちらこそありがとうございました。一条さん、これからもお互いに頑張りましょう。肚《はら》を据えて心身を健やかに逞《たくま》しく生活してまいりましょう。

第1部

死の不思議

霊的体験の真相

第1章

死の壁を越えて

■ベストセラーの意外な反響

一条　矢作さんは、ベストセラー『人は死なない』（バジリコ）で医療現場における多様な日常、心の問題、さらには霊魂の存在まで幅広く触れておられますが、現役の東大医学部教授がこうしたいわゆる「見えない世界」について書かれたということで、当時どのような反響がありましたか?

矢作　当初は、「観測気球」の意味がありました。これくらいの内容で、はたしてどれくらい世間で反応があるのかという意味での観測気球です。

結果として、全国の幅広い年代、職業の読者から多くの手紙をいただきました。大切な人を亡くした人たちから、いくらかでも心が慰められたというものと、自身のそれまで人に言えなかった霊的体験について話してくれるものとが半々でした。メディア関係者によく尋ねられるという〝学内バッシング〟などはとくにありませんでした。

ある人に「十年前なら、反応が違ったでしょう」と言われましたね。

一条　それは、時代が変わろうとしていることの表われなのでしょうか。

矢作　二〇一一年三月十一日に起きた東日本大震災の影響も大きいと思います。3・11以来、日本人の意識は明らかに変わりましたね。

一条　わたしも被災地を訪れましたが、本当に見渡す限りガレキの山でした。東北一帯で多くの人が亡くなりました。大地震と大津波で、3・11直後の東北はまさに「黄泉《よみ》の国」といえるかもしれません。

黄泉の国とは『古事記』に出てくる死後の世界です。いわゆる「あの世」です。

日本神話では古代、「あの世」と「この世」は自由に行き来できたといいます。「あの世」に通じる通路はいたるところにあったようです。ある時、イザナギが亡くなった愛妻イザナミを追って黄泉の国に行きました。でも、彼は黄泉の国で見た妻の醜《みにく》い姿に恐れをなして、逃げ帰ってきたのです。

このイザナギの心ない裏切りによって、あの世とこの世をつなぐ通路だったヨモツヒラサカは一〇〇〇人で押しても動かない巨石でふさがれました。

3・11の巨大地震により、その巨石が動いたのではないか。そして東北の地に再びヨモツヒラサカが開いて、黄泉の国が現われたような気がするのです。

矢作　わたしも「あの世とこの世はつながっていた」と思いますね。

わたしの好きな言葉に、「ご冥福をお祈りします」というものがあります。冥福というのは冥界、つまり死後に行く世界での幸福を指します。この言葉をわたしたちは知らないうちに使っています。「見えない世界なんて理解できない」と口にされる方でも「ご冥福を」と言われますから、ほとんどの日本人は知らず知らずのうちに死後の世界を肯定しています。日本人は、無意識のうちに「あの世」の存在を認めているわけです。

一条　生死という部分が常に背中合わせに存在する医療現場では、さまざまな霊的なことに遭遇されるのではないですか。

矢作　わたしは医師として、死の最前線といいますか、生死の交差点を仕事場にしています。じつは社会人になる前、大学時代に登山の現場で人が死んだところを目撃したり、一時心肺停止状態となった友人を蘇生するという場面を経験しているせいか、医療に従事してからも人の生や死に取り立てて心を乱されるようなことはありませんでした。

といっても、別に心が渇いているわけではありません。

一条　わたしも冠婚葬祭業を営む中で、ご葬儀のお世話もさせていただいていますが、死に対する「慣れ」はありませんし、葬儀という「死を扱う仕事」だからといって、別に冷徹な人間になっているわけでもありません。

矢作　最初にお断りしておきますが、わたしは医師であると同時に、魂もあの世もあると思っている人間です。「大いなるすべて」と解釈している神の存在も同様です。だからといって、何か特定の宗教や宗派の信者ではありません。

ちなみに、わたしがいう神とは、根源的な存在です。究極は「愛」だと思います。その存在を、わたしは著書『人は死なない』で「摂理」と呼びました。そのイメージは、眩《まぶ》しいほどの「光」です。神に善悪はありません。神には幸も不幸もありません。これがわたしの「見えない存在」に対する解釈です。だから、わたしは死に関して、「肉体死を迎える」と表現しています。

■霊との遭遇

矢作　『かいまみた死後の世界』（評論社）や『リユニオンズ――死者との再会』（同朋舎出版）の著者として有名なレイモンド・ムーディが、古代ギリシャの「サイコマンテウム（死の託宣所）」で行われた死者との交流の方法を二千五百年ぶりに復活させています。霊媒を通さずに、普通の人が直接死者と会える方法です。彼は水晶占いなど、プラトンも研究した二千五百年前の死の託宣所の中で行われた方法をいろいろと試したようです。その結果、鏡を使うのが一番いいということで、その方法を復活させました。

彼は自宅を改造して死者と会うための部屋を造り、さらに精力的に症例を重ねました。この話は、『リユニオンズ――死者との再会』という彼の著書や、彼の半生を記した『生きる／死ぬ　その境界はなかった』（ヒカルランド）という本で紹介されています。毎日、一人だけ実施しているらしく、数百人の人たちが実際に体験していると書かれています。霊との再会率が八〇％という驚くような結果も述べられています。

一条　その霊が出てくるというのは、第三者にも見えるのでしょうか。それとも、あくまで本人の脳内体験のようなものなのでしょうか。

矢作　幽霊が出てくるという感じでしょうか。物質化して出てきてしまう。ハグされることもあるそうです。

極論すれば、脳内現象として見えても、他界（高次元）は見えない世界です。それでも、いわゆるスピリット（霊）とつながっているとはいえると思います。

大切なことは、物質化していることを検証するより、つながっているプロセスを知ることだと思います。もちろん、複数の人が一度に同じ部屋で鏡視ができれば、よりはっきりするかもしれません。

一条　それは驚くべき話ですね。ムーディが鏡を使ったというのも興味深いです。

古来、鏡は「魂」そのもののシンボルになっていますし、のぞき込む人の魂を吸い取ってしまうなどといわれていました。『鏡の国のアリス』を書いたルイス・キャロルは鏡について、「魂がそこを通り抜けて自己を解放する扉」といったような表現をしています。

矢作　まさに「鏡の国」というのは異界ですね。

一条　わたしも、鏡とは異界に通じるドアだと思います。いわゆる「幽体離脱」で浮遊して天井から自分のからだを見るという話があります。あれは、天井に鏡があれば同じような経験をすることができますよね。

十九世紀のロンドンでは、「幽霊づくり」に多大な関心が払われ、「幽霊出現装置」といったものが発明されました。これは、演劇における舞台上の演出装置なのですが、実際にステージの上に半透明な幽霊が出現して観客を驚かせました。

加藤耕一著『「幽霊屋敷」の文化史』（講談社現代新書）によると、発明したのは化学者のジョン・ヘンリー・ペッパーで、チャールズ・ディケンズ原作の『クリスマス・ブックス』の第五話にあたる「憑《つ》かれた男と幽霊の取引」で最初に幽霊を登場させたといいます。『クリスマス・ブックス』の第一話が有名な「クリスマス・キャロル」ですね。

ペッパーの発明は「ダークスのファンタスマゴリー」とか「ペッパーズ・ゴースト」の名で大流行しますが、その仕掛けは鏡を使ったものだったのです。その後も、鏡を使って幽霊を出現させるさまざまな演出が生み出されました。演劇にかぎらず、交霊術などでも大いに鏡が使われたのです。

そういえば、二〇一二年に公開された「ツナグ」という日本映画でも、死者とつながるときの小道具として鏡が使われていましたね。

矢作　幽霊づくりの話が出ましたが、ムーディもそうした歴史を検証しています。

■山での体験

矢作　ほかにもムーディは『永遠の別世界をかいま見る 臨死共有体験』（ヒカルランド）という本の中で、死者しか知らない情報など、死者と残された家族の共有した体験を、ケーススタディとして調べ、その研究結果を、臨死を伴う体験として、一〇の項目にまとめています。

①　自分が死んだという感じ
②　安らぎと苦痛からの解放
③　肉体離脱（体外離脱）体験
④　トンネル体験
⑤　光の人々
⑥　光（最高位の光の存在との遭遇）
⑦　一生を振り返る（走馬灯的体験）
⑧　急速に天空へ昇る
⑨　戻ることに対するためらい
⑩　時空の感覚がなくなること

臨死体験とは、この一〇項目のうちのいくつかを体験することと定義しているわけです。

一条　矢作さんは、臨死体験をされたことがおありとか。

矢作　わたし自身は山でタキサイキア現象とよばれるものを体験しました。

一条　タキサイキア現象ですか？

矢作　ムーディが言うところの⑦「一生を振り返る」というものです。一九七九年の冬、雪山で最初の滑落時に体験しました。わたしは猛烈なスピードで落ちながら、この先には何がくるのだろうという思いがすべてでした。ただ不思議なことに、滑落中は不安、恐怖、後悔といった感情がまったくなかったんです。

　タキサイキアというのは、ギリシャ語で「頭の中の速度」という意味ですが、周囲の様子というか、全体の時間をスローモーションのように感じられる現象です。

　こうした現象は、交通事故など世界中の臨死現場からも報告されています。落ちていたのは、ほんの数十秒です。稜線からの高さは一〇〇〇メートル、落ちた距離は一二〇〇メートルにもなります。東京タワーを三つ縦に重ねた高さの斜面を落ちたわけです。

一条　スカイツリーの高さの約一・五倍の距離ですね。

矢作　今は東京タワーよりスカイツリーのたとえのほうがわかりやすいですね（笑）。

一条　いずれにしてもすごい高さだし、一〇〇〇メートルの高さで一二〇〇メートルの距離ということは、ほとんど真下に落ちたようなものですね。

矢作　このとき、わたしは登山者として致命的なミスを犯していました。絶対に助からないだろうと瞬間的に観念しました。母親の顔がよぎりました。「先立つ不孝を許してください。申し訳ない」という気持ちです。

一条　すごい体験ですね。矢作さんの落ち着いた口調でお聞きしていると、大変なことだと感じにくいですけれど、すごい事故ですよね。ふつう、命を落としませんか。

矢作　実際、滑落が止まって「生きている」と思ったときは、「自分はなぜ助かってしまったのだろうか。フェアじゃない」という思いにとらわれました。喜びより、後ろめたさみたいな感覚でした。

一条　うーん、「登山家として、ミスをしてしまった！　原因は自分にある」という思いがあったのかもしれませんね。

矢作　そうかもしれません。文字通り九死に一生を得たわけですが、止まったところが雪崩《なだれ》の巣とでもいう危険地帯で、すぐに離れなければいけないと思い、必死で谷を下り続け、谷が狭くなる手前で右側の急な天狗尾根に取り付きました。途中で一休みできるような状況ではなく、とにかく何も考えないようにして何時間か黙々と苦しい登行を続け、日没直前にやっとの思いで尾根の途中のちょっとしたピークまで登りつきました。わたしはテントを設営することにしました。滑落する前にはパンパンに膨れ上がっていたリュックは滑落の衝撃でつぶれた感じになってしまい、滑落時の衝撃の大きさを改めて思い知りました。

　テントの中で簡単な食事を終えると、からだ中が痛みだしました。じつは全身があざだらけだったんです。

一条　すごい。本当によくご無事でしたね。

矢作　本当に不思議ですよね。

一条　他人事のように感じていらっしゃるのも、もしかしたら体外離脱でご自身の姿をご覧になっていたのかも……。

矢作　そうかもしれません（笑）。
　翌日は晴れ。とにかく危険地帯を逃れるために、下山しました。しかもこのときは、滑落から奇跡的に生還できた意味を考えることなく、愚かなことに縦走の継続を考えていました。

一条　縦走の継続？

矢作　はい。残り少ない大学生活の冬山ですから。わたしは一旦町に出て、必要な物品を購入し、休息をとって態勢を立て直して、当初の計画通り残りのスケジュールをこなそうと思っていたわけです。

一条　一度死にかけたわけですよね。

矢作　自分でも不思議です。なぜそんなことを思ったのか。今度こそは単純なミスはしないぞって、気を引き締めたりして。左手首の痛みをおして後半を再開しました。
　一週間あまりの山行でしたが、誰にも会わずに槍ヶ岳の頂上を独り占めできました。

一条　独り占めできた、なんて喜んでいる場合ではないですよね。

矢作　今振り返るとまったく能天気な話です。

一条　ある意味、臨死体験よりすごいかもしれません。

■二度目の事故＝滑落と霊聴

矢作　じつは同じ年の十二月には、性懲りもなく登山を強行しています。

一条　たしか二度、滑落されていますよね。

矢作　お恥ずかしい話です。このときはアイゼンという雪山用の靴底に装着するもののサイズが靴と合わないというミスで滑落してしまいました。踏ん張ったときにジョイント部分が折れてしまい、そのままうつ伏せの恰好で凍った雪壁を滑り落ちてしまいました。猛吹雪の中では視覚は頼りにならなくなります。頼りにできるのは、身体感覚です。目の前は白一色で天地左右がわからない状態ですからね。ふつう、人は視覚でバランスをとっていますが、山では身体感覚でバランスをとるしかないんです。ご存じないですよね、一般の方はそういうところで行動しないようにしますからね（笑）。

このときも運がいいというのか、岩に両手でしがみついてなんとか止まることができました。そのまま落ちたら、前回同様一〇〇〇メートルは落ちたでしょう。

でも、止まった場所は、針ノ木岳の北斜面、標高二七〇〇メートルあたりです。風雪の中で一瞬、数十メートル先にかろうじて稜線が見えるような状況でした。

一条　雪山の、しかも雪と風が吹く中で、雪の壁にしがみついているわけですよね。アクション映画みたいですね、まさに命がけじゃないですか。

矢作　しかも一人ですからね。

一条　なんという状況でしょう。

矢作　左足は滑落しているときに痛めたらしく思ったように動きません。左膝の痛みに耐えながらなんとか稜線まで出ることができました。片膝に力が入らないので登行を続けることはできません。雪崩の危険はありましたが、わたしはそのまま沢を滑って下りることにしました。斜度三三度の谷を約四五〇メートルほど滑り下りました。

雪崩の危険もなくなって、ひと安心すると、次はどうしようかなどと考えていました。連続して二度も落ちたのに、またもや山に行こうと思っていました。考え出すと楽しくなってきたりして。

一条　もう、やめてくださいよ！（笑）

矢作　わたしは二度ほど死にかけながらも、次の山行を考えはじめてしまう、まさに山に取り憑かれた状態です。死の恐怖感というより、次の登山の計画を考えると楽しくなって、いろいろな案が浮かんでくるんです。

一条　死への恐怖より、山への関心が高いんですね。

矢作　懲りないといいますか……二度の事故のあと、もうすぐ麓のバス停というところで突然、山のほうから、「もう山には来るな」というこだまのような声が聞こえてきたんです。周りを見回しましたが、もちろん誰もいません。幻聴？と疑いましたが、その瞬間、すべての思考が停止してしまい、わたしは憑き物が落ちたように登山を止《や》めました。冬山への再挑戦にあんなにワクワクしていたのがウソのように、一刻も早く下山したいと思ったんです。あの声は、今思うと霊聴だと思います。

一条　不思議なお話ですね。それ以来、山へは行かれていないわけですか。

矢作　そうですね。本格的な登山はきっぱり止めました。

一条　神の声？　霊の声？　いずれにせよ、頭の中に声としてメッセージが送られてきたんですね。

■体外離脱の経験者

一条　体外離脱についてはいかがですか？

矢作　体外離脱体験に関しては、多くの報告がされてきましたが、わたし自身は霊聴だけですね（笑）。患者が蘇生中であるとき、病院内で手術中に重篤な状態になった場合、あるいは病院外でも容態の悪いときの睡眠中などに起こるようです。

一条　矢作さんも、そうした話を聞かれたことはありますか？

矢作　はい。体外離脱体験について、わたしが聞いた話をさせてください。

一人は仮名でAさんとします。交通事故を起こし、同乗していた妹さんと並んで、左後ろの十メートルくらい上から自分の車を見下ろしていたそうです。車は横転し電柱に巻きつくように大破していました。空中にいるAさんと妹さんは闇を背景に上半身だけが浮かび上がっていたそうです。体外離脱して、自分の事故の様子を見ていたわけです。

どれくらいの時間が経ったのか、事故を一緒に眺めていた妹さんが突然、「お兄ちゃんは戻りなよ」と言ったそうです。その瞬間、Aさんは運転席で目を覚ましました。妹さんはAさんの左肩に頭を乗せたまま息を引き取っていました。

もう一人はBさんです。彼は十六歳のとき、四畳半の子ども部屋の二段ベッドで寝ていたときに体外離脱を経験したといいます。ある夜の寝入りばな、いきなり背中が天井に張りついたので、夢かな、と思ったところが、どうも夢ではないと感じたといいます。一カ月後、今度は祖母が寝ている隣の部屋の天井から下を見ていたそうです。そのときは、腕が肘まで壁に入ってしまい、驚いて手を抜いたことを覚えていたといいます。しかもラジオで「オールナイトニッポン」が流れていたのをはっきり覚えているといいますから、これも夢ではないと思ったそうです。

また、Bさんは以前、朝寝をして一回、目を覚ましてまた眠ろうとしたら、ブーンという振動音を感じたといいます。仰向けになっているはずなのに、まるで頭を起こしたかのように足先が見えたそうです。「これは抜けるな」と思ったら突然頭をぶつけたときのように目から火花が出て、はっと気づいたら空から下の景色を見ていたといいます。横にも同じような人がいて目が合い、「すみません」と声をかけたら、すーっと逃げていったそうです。「抜けるな」――つまり体外離脱ができると思ったというのが面白いですよね。

さらに、地下鉄の副都心線に乗っていたときのこと。座席に座っていて突然、体外離脱したといいます。天井を抜けてパンタグラフのところから、車内で座って眠っている自分が見えたといいますから驚きです。どうなるかと思っていたら、車列最後尾の屋根上に中年のサラリーマン風の人がいて、一瞬目が合いました。「えっ」と思った瞬間自分の中に戻ったそうです。体外離脱が夜だとか、寝ているときに限定されていないというのも面白いですよね。

一条　体外離脱が起こる条件というのは、限定されていないんですね。

矢作　一人は重篤な状態において、もう一人は偶然、何度も体外離脱をした例です。しかも二人ともこの体験を、最近まで誰にも話せなかったといいます。

Bさんと同じような経験をされていても、夢だと思って自分を納得させている方は多いのではないでしょうか。

一条　話さなかった理由は何でしょうか？

矢作　わかろうとしない人やわからない人に話しても理解されないからだそうです。

一条　理解されないどころか、誤解を受けるケースもありますからね。

矢作　わたしが『人は死なない』を出版してから、「先生が書いてくれたおかげで、他人に話すことができるようになりました」、そんな読者の声が多数寄せられるようになり、こうした体験に対する根強い偏見に正直驚きました。

■憑依について

一条　以前、歌手の華原朋美さんが久しぶりにテレビに出たときのことです。彼女は一時、睡眠薬や精神安定剤などの薬物におぼれ、再起不能とまで言われていました。華原さんが当時を振り返って「あのとき、わたしの中に誰かが入っていた。あれは、いったい誰だったの？」と付き添っていた横にいるお兄さんに聞いていているんです。お兄さんは、困ったような顔をして何も答えませんでした。その場面を見ながら、わたしは「ああ、華原朋美さんは憑依《ひょうい》されていたのか」と思いました。

矢作　当然、霊には良いものばかりではありません。悪い霊もあります。とくにこの世は修行の場ですから。神はこの世に生きる人間に善がわかるように見かけ上、善悪二項対立のかたちで世界を創られました。心がけが悪ければ悪い霊に憑かれるでしょう。たとえばヒトラー、スターリン、毛沢東など、平気で大量に人を殺した人間には、悪霊が憑いていたようです。

憑依などの霊障は、頭に入れておく必要がありますね。霊障とは霊的障害のことです。霊によって引き起こされるもので、極端な例では、強力なエネルギー・ヒーラーの隈本確《くまもとあきら》さん（日本神霊学研究会）のように、けがをしたこと、病気になったこと、仕事がうまくいかないことなど、みな霊障だという人もいます。

　もちろん結果から言えるものもたくさんあると思います。たとえば飛び込み自殺。すべてがそうだとは思いませんが、一部は霊障の可能性があるように思います。わたし自身、その可能性は否定できないと考えます。憑依などの霊障は、じつはそれほど珍しいことではないのですが。

　実際、除霊で憑依をはずすと病気がよくなるということを長年実践した医師の有名な記録があります。一九〇九年から一九一八年にかけて国立シカゴ精神病研究所の主席精神科医を務めたカール・オーギュスト・ウィックランド博士（一八六一～一九四五）は、異常行動で医学の手に負えなくなった患者を、自身が降霊役兼審神者《さにわ》（神意を解釈して伝える者）を務め、自身の妻を霊媒とした霊との交信というかたちで治療を続けていました。その三十年におよぶ診療経験を『迷える霊との対話』（ハート出版）に著しています。なかなか霊媒から離れないしつこい霊に対しては、霊媒に電気ショックを与えて霊を追い出していたという驚くべき記述があります。

一条　犯罪者の場合、心神喪失状態というものがありますね。あれも憑依のケースが多いのでしょうか。

矢作　「憑依が存在する」ことを法律で認めることが、今の社会でできるのかという議論ですね。一般的には「そんなものは存在しない」とされます。ただそういう例もあると思います。仮に憑依を含めた霊障があるという考えを認めても、霊障という非常に変化し得る状態であったことを確認することも容易ではないでしょう。憑依現象を世間で認めても、厄介な問題になってしまうでしょう。

法曹関係者にも見えない世界が理解できる人がいますが、彼らが一番悩むのが憑依です。たとえば、ある殺傷事件が憑依だと判明した場合、被疑者が心神喪失になってしまうと、その時点で罪に問えなくなってしまうかもしれませんから。

憑依されてしまう心持ちをどう見るか——罪と見るか——というほうが重要な問題です。おそらくすぐには法制度を変えることはできませんが、いずれは憑依を問題にしないといけないかもしれません。

これも先ほどの問題同様、過去に起こった事件の原因を詳細に調べることが大切だと思います。いろいろなことがわかると思いますよ。

その点は、わたしたちのような医療関係者も頭の隅に置いておかないといけないと思います。

■医療現場にある「お迎え現象」

矢作　臨死体験とはすこし異なりますが、「お迎え現象」というのがあります。これは、亡くなる前の人が、死に臨み、先に逝った両親や祖父母などの身内や友人の姿を目撃する現象です。通常、周囲の人間には見えません。

「お迎え現象」についてすこしだけ説明させてください。東北大学医学部臨床教授、医療法人爽秋会理事長だった岡部健《たけし》氏は、在宅緩和医療の第一人者で、医療スタッフや研究者の協力のもとで、十年以上、患者さんの家族にアンケート調査を行ってきたそうです。岡部教授は二〇一二年九月に亡くなられました。

岡部教授の調査によれば、四二％の方が何らかのお迎え現象を体験し、体験者の五一%がすでに亡くなった家族や知人を見たり、感じたといいます。中には、光や仏といった存在との遭遇も報告されています。

この調査は、文部科学省の研究助成金を得て実施されたそうです。こうしたテーマに国の助成金がつくのは、きわめて珍しいことです。

岡部教授はそれまで、すこしでも延命治療をすることが患者さんにとって良いと思われていたそうです。でも多くのがん患者さんたちと交流する中で、次第にそれは患者さんの求めていることではない、それよりも豊かに死んでいくことを望んでいることを知ります。その事実に愕然とされたと書かれています。

そこから在宅緩和ケアという領域に進出され、その道の第一人者になられました。岡部教授がいらっしゃった宮城県内でも、仙台市は在宅看取り率が政令指定都市で第一位だそうです。

一条　現代社会で死を考えるときの、大きな問題の一つだと思います。

■葬儀の場でも起こる「不思議」

矢作　一条さんのお仕事、とくに葬儀の世界でも不思議なことが起こりますか？

一条　はい。深夜にオフィスの内線が何度も鳴ったことがあったそうです。ほかに社員はいないのにです。ドアの開く音や棺を安置している部屋から音が聞こえてくるなんていうことは、スタッフなら誰でも経験していますね。

矢作　病院でも同じようなことがありますね。葬儀ならではの話を教えていただいてもいいですか。

一条　社員から聞いた話をご披露しましょう。怖い話に聞こえるかもしれませんが、決してそうではありません。故人が遺族に対して別れの挨拶をしているのだと思います。

遺族の方々との葬儀の打ち合わせのときに、白いポロシャツを着た老人が同席していたらしいのですが、親戚の方だと思っていたら、じつは亡くなられたご本人だったそうです。また、庭にいた老人が亡くなった方だったというケースもあります。親族には見えませんが、他人である人間には見えているわけです。

ほかにもツバメや蝶になって、遺族の方に会いにきたという話も聞いています。

矢作　遺族の方にはわかるんでしょうね。

一条　霊はいろいろなサインを送っているんですね。霊感といいますが、何か違う気配を感じるんでしょうね。こんな話も聞いたことがあります。最後のお別れのとき、奥様が棺の中のご主人の頬をなでられた。その瞬間、ご主人様の目から涙が流れたそうです。最愛の妻を一人残して旅立つご主人の愛情表現だったと理解したそうです。空調のせいで、ドライアイスが液体化しただけなどとすぐに理屈で理解しようとしますが、死者からのメッセージだと理解するほうがはるかに自然ではないでしょうか。

矢作　はるかに説得力がありますよ。

一条　最近、よく社員から聞くのは携帯電話を通じての話です。着信があったとか、メールが来たとか。霊魂はなんでも使うんですよね（笑）。

■カルマが天災を生んだのか

一条　ここで仏教の話をしたいと思います。仏教はある意味で非常に過激というか、怖い思想でもあると思うのが、「カルマ（業《ごう》）」の問題です。

ダライ・ラマ法王が『傷ついた日本人へ』（新潮新書）という著書の中で、東日本大震災や津波のことに触れています。

石原慎太郎・前東京都知事は「我欲」と「天罰」という言葉で東日本大震災を語りましたが、ダライ・ラマ法王は仏教の最高責任者らしく「カルマ」という言葉を用いて、次のように述べています。

これほどの震災となると、その大きさと複雑さゆえ、因果関係を単純に読み解くことは大変難しいことです。カルマは長い時間をかけて積み重なって巨大化し、因や縁が非常に複雑に絡まりあいながら、様々な条件がついに揃ってしまった。それがあの三月十一日だったのです。ある因は津波の被害となり、ある因は原発事故となり、そうやって様々な被害が次々引き起こされてしまいました。

だからといって、被災者の方が特別に悪いカルマを抱えていたかというと、決してそうではありません。このように強大でめったに発生しない出来事は、個人のカルマで引き起こされるレベルではなく、社会全体としてのカルマ、世界共通のカルマのレベルの出来事です。大勢の方が一度に同じ類の苦しみを味わったということがその現れでしょう。

その因は、規模が大きいだけではなく、はるか昔何世代も前から積み重なっていたものでもあります。そう考えれば人類全体の因果応報といえます。たとえば、自然を破壊し、コントロールしようとしたことが影響しているのかもしれないし、物質的に豊かな生活を求めすぎたことが影響しているのかもしれない。

ただどれだけ考えたところで、何が因であるかを私たちの頭で理解することは不可能です。

ダライ・ラマ法王の発言は、ある意味、石原慎太郎氏の「天罰」発言よりもすごいことだと思います。非常に考えさせられる発言でした。

矢作　ある施術家は「病《やまい》はカルマである」と言われています。仏教でいう「業」ですね。その方は病気の原因はカルマだと言うわけです。

ただし、このカルマは悪いことを意味しているのではなく、今生で解決すべき課題という意味です。東日本大震災は軽々にその因果について述べられるものではないと思いますが、ガイアの身震いがこのような大震災になることを忘れてはいけないのだと認識させられました。考えてみればいくら太平洋といっても平均水深四〇〇〇メートルもある海の底の跳ね上がりがひどければ、ときには数十メートルの波を作ることもあるわけです。われわれ人間の行いや意識がガイアにどのように影響しているのかわかりませんが、亡くなった方々の分も、心して生きていかないといけないと身の引き締まる思いです。

津波にせよ、多数の死者が出たことは、こちらの世界から見れば、言葉にできないほど大変だけれど、向こうの世界から見ると、「たいへんな修行を終えて、本当にどうもご苦労さんでした」と言えるかもしれません。こちら側からだけの視点ではわかりません。

■ダライ・ラマとの対話

一条　その節は、「ダライ・ラマ法王と科学者との対話～日本からの発信～」（注・二〇一二年十一月六日、七日の二日間にわたりホテルオークラ東京で行われた）にご招待いただき、ありがとうございました。

矢作　両日とも参加されていましたね。

一条　はい。パンフレットに書かれたイベントの趣旨――「宇宙や生命のより深い理解のために、世界の諸問題の解決のために、チベット仏教の最高指導者でノーベル平和賞受賞者のダライ・ラマ法王十四世と、日本を代表する科学者たちが、共に互いの境界線を越え交わることで、今までにない新たな科学の可能性に挑む」というのにひかれました。

矢作　わたしも科学者たちの末席をけがさせていただきました。

一条　矢作さんなら、参加されて当然です。ダライ・ラマ十四世と総括的対話を行ったあとで、最後はダライ・ラマ十四世からのスピーチという演出が印象的でした。

とくに、「病は気から」と題する矢作さんのお話は興味深く聴かせていただきました。医学者でありながら霊性の領域に踏み込んだ矢作さんの勇気ある発言には感動しました。また、それに対するダライ・ラマ十四世の言葉も世界最高の宗教家としての深い見識に満ちたものでしたね。

矢作　もっとていねいな説明が必要でしたが、時間が短くて……。

一条　それにしても、矢作さんが「自分がこれから話すことは科学的ではありません」と前置きされて講演をはじめられたこと、さらに霊的治療の有効性についてダライ・ラマ法王に話されたのは前代未聞だと思います。少なくとも、日本人では初めてではないでしょうか。科学者が行ったということでいえば世界初だと思います。

矢作　恐縮です。ダライ・ラマ法王は霊的能力の高い方でいらっしゃいますから、スピリチュアルヒーリング（霊的治療）についてはご存じだと思いますが……あのイベントでは、ダライ・ラマ法王が霊的なことに対する考えをあまり述べていないことを、誰も指摘しなかったことに違和感を持ちましてあえて訊いてみました。別にいじわるをしたわけではありませんが……ダライ・ラマ法王が十三世から転生して十四世になられたわけですが、ふつう言われている転生までの間隔から推し量ると転生したときの時間はほとんどありませんでした。でも、十四世となるための厳密な手続きを踏まれたはずです。

十三世が亡くなったのは一九三三年。転生者であるダライ・ラマ十四世は一九三九年に中華民国青海省のチベット人居住地区タクツェルで発見されました。そして一九四〇年一月十四日に即位しています。

チベット仏教や魂の永遠は高いところでわかっておられるでしょうが、そのことにまったく触れられない。

一条　あのイベントを聴講する直前、「NHKスペシャル　チベット死者の書」のDVDを見直しました。一九九三年に放映された番組で、宮崎駿さんが大きな影響を受けたということで、ジブリ学術ライブラリーに入っているDVDです。その中で、ダライ・ラマ法王は、転生のことはもちろん、スピリチュアルなことを大いに語っていますよね。それが、最近の法王はなんだか霊魂の問題について語ることを意図的に抑えている気がしました。

矢作　ダライ・ラマ法王にうっかり恥をかかせてはいけないと思いつつも、多少踏み込んでみましたが、霊的な部分には否定的でしたね。

一条　UFOの存在についても、矢作さんが言及されたのにはびっくりしました。それに対して、ダライ・ラマ法王はまったく触れられませんでしたが……。

矢作　現在の科学については、棚次《たなつぐ》正和先生（京都府立医科大学教授）が家にたとえられた説明には説得力がありました。われわれのからだは霊（魂）・心・体でできていますが、今の科学は、われわれのからだを家にたとえると、家の中の一階（体）の部分しか見ていない。でも本当は二階（心）や三階（霊魂）といった、もっと上の階がしっかり存在しているという話です。とてもわかりやすかった。

一条　わたしも霊は存在すると思っています。それにしても、何かを説明するときに「たとえ」というのはとても重要ですね。核心となるメッセージを相手にどう、わかりやすく伝えるか。とくに「死」を説明することは非常にむずかしいわけです。誰も死んだ経験のある人がいませんから（笑）。
　臨死体験者というのは、死後の世界を垣間見ただけであって、もちろん死者とは異なりますし……。

矢作　「たとえ」は非常に重要ですね。患者さんの死のまぎわを見ていると、最終的に医師が死亡と位置付けるすこし前から、患者さんの魂は肉体から離れているように思います。

一条　亡くなられるまぎわというのは、そうだと思います。

矢作　今まさにこの世にお別れを告げようとしている人は、まるで何かを見つけたような、ちょっと驚いたような表情に変化する方が少なからずいらっしゃいました。何かを見て顔をほころばせたように思えた方もいらっしゃいます。
　そんな表情が見えるのは、亡くなる二、三日前くらいから数時間前のようです。特徴としては、周囲に無関心になると同時に、まるで別の世界にいるような感じで、顔をほころばせるわけです。
　実際、末期の患者さんに対しては、声をかけるのではなく、手を握ることはあります。ベテランの看護師なども自然にそうした行動をとりますね。

古来、手をつなぐという行為には特別な意味があります。相手と自分の意思疎通、相手と自分のエネルギー交換という意味です。免疫力が上がるとも言われます。生死の境にいる患者さんのそばにいる近親者に「手を握ってあげてください」と言いますが、これには重要な意味があるのです。「手当て」というとオカルトな連想をされる方がいらっしゃいますが、そうではありません。

お母さんたちが、子どもの痛がる箇所に自然に手を当ててさすりますね。あれは「ハンドヒーリング」の一種です。誰かに教えられなくても、人は手からエネルギーが出ていることを本能で知っています。

■童話が生まれた理由

一条　明治時代から日本では、「四大聖人」という言葉が使われてきました。ブッダ、孔子、イエス、ソクラテスの四人の偉大な人類の教師たちのことです。彼らはいずれもみずから本を書き残してはいませんが、その弟子たちが人類全体に大きな影響を与えた本を生み出しました。

矢作　たしかにそうですね。仏典であり、『論語』であり、『新約聖書』であり、『ソクラテスの弁明』であり……。

一条　はい、一連のプラトンの哲学書ですね。それらの書物を読んでみると、ブッダも孔子もイエスもソクラテスも、いずれもが「たとえ話」の天才であったことがよくわかります。むずかしいテーマをそのままストレートに語るのではなく、一般の人々にもわかりやすく説く技術に長《た》けていたのです。中でも、ブッダとイエスの二人にその才能を強く感じます。だからこそ、仏教もキリスト教も多くの人々の心をとらえ、世界宗教となることができたのでしょう。

矢作　伝える技術が必要ですね。

一条　「わかりやすく説く」という才能は後の世で宗教説話というかたちで研ぎすまされていき、最終的には童話というスタイルで完成したように思います。

矢作　宗教説話が童話のルーツ？

一条　そうです。童話ほどわかりやすいものはありませんよね。『聖書』も『論語』も読んだことのない人々など世界には無数にいるでしょうが、アンデルセン童話をまったく読んだことがない人というのは、ちょっと想像がつきません。これは、かなりすごいことではないでしょうか。童話作家とは、表現力のチャンピオンであり、人の心の奥底にメッセージを届け、その人生に影響を与えることにおいて最強だと思います。

死後の世界を考えるとき、多くの人はまず「宗教」を思い、次に「哲学」や「科学」を思います。しかし、そのほかにもう一つ「物語」という方法があるのです。「死んだら星になる」とか「海の彼方の国に住む」とか「千の風になる」といったファンタジーの世界があるのではないでしょうか。その意味で、「ファンタジー」というのも人類の知恵の一つではないでしょうか。

とくに、「死」や「死後」の本質について子どもに説明するのには大きな効果があると思います。

第2章

見える世界と見えない世界をめぐって

■見えるものだけを信じる

一条　矢作さんは筑波大学名誉教授で遺伝子研究の第一人者である村上和雄先生と対談本『神（サムシング・グレート）と見えない世界』（祥伝社新書）を出されていますね。

「サムシング・グレート」とは村上先生が使われている言葉で、「神」や「天」などと呼ばれる人間の世界を超えた偉大な存在のことですが、その著書の「おわりに」で、村上氏は「幸せ」の本質に迫り、次のように書かれています。

長い歴史のなかで、人間は常に幸福を考えてきましたが、現在のような世界的に不安定な時代に入ると、本質的な幸せとは何かを改めて考え始めます。

その時、幸せを考えるうえで大切な視点があります。それは魂の存在であり、魂は永遠であるという事実です。この現世以外に前世があり、そして来世というステージがあるという、魂と輪廻転生の仕組みを理解しないことには、本当の意味での幸せが何かを知ることはできないと思います。

魂、無意識（潜在意識）とは、科学的に表現すれば「情報」です。現世の情報だけではなく前世、来世の情報が入っている「情報媒体」だと想像しています。

この情報という切り口で、「身体の情報（遺伝子）」と「魂の情報」の両方がわからなければ、人間は理解できないし、「命（＝いのち）」も理解できないでしょう。現世の幸せだけを考えても、本当の幸せは得られません。

人間は「死」に大きな恐怖感を抱く必要はないのだと強調したうえで、村上先生は次のように述べて本書を締めくくっています。

今のアンチエイジング、反加齢という流れは異常です。それとは逆に「いかに老いるか」「いかに死ぬか」を考え、実践するほうが人間にとって幸せです。

なぜなら、いかに生きるかとは、いかに死ぬかということだからです。死の問題を解決するためにも、魂を理解すると同時に、あの世のことを知らなければ、本質的な幸せは得られないと思います。

これを読んで、わたしは大いに共感しました。人間は、どうしても見えることだけに価値を置きがちですからね。

矢作　そうですね。霊の問題を三次元でとらえようとすることに無理があるわけです。ヨガや座禅はそうでしょうが、高次元とつながるということは、昔から行われてきました。

そういうことがエネルギーになっていたことを忘れてはいけません。心の中でもつながれるということです。それを現代人は忘れてしまったということです。

生涯に一冊しか本を書かなかったジュリアン・ジェインズはその著書『神々の沈黙』（紀伊國屋書店）の中で、「二分心論」というものを展開しています。

これは見える世界と見えない世界のことですが、非常にわかりやすい。

一条『神々の沈黙』は、わたしも読みました。三千年前まで人類は「意識」を持っていなかったという仮説を唱えた本ですが、非常にインパクトがありました。

豊富な文献と古代遺跡を分析したジェインズによれば、意識を持つ前の人間は、神の声を右脳で聞き、その通りに動く自動人形だったといいます。

太古の人間は自分を意識することなく、神の声をそのまま聞いて、神々と一体となって生きていたというのです。その後、意識の発生とともに、徐々に人間には、神の声は聞こえなくなってきてしまいます。

神の声が聞こえなくなると何が起こったか。それによって、人間の意識は発達し、比喩によって自分たちの心の空間が現われます。そして、物語化して自分を客観的に見ることが可能になりました。

でも、本来の人間は神の声を聞く存在だったので、一部の人々にはその名残がある。それが、いわゆる統合失調症です。つまり、ジェインズの言いたいことは、統合失調症にある人々は現在でも神々の声が聞こえている人たちではないかというわけです。『神々の沈黙』は、神と人間の関係性を歴史的に解き明かした名著だと思います。

矢作　現代人は見えない世界を認めなくなってしまったんですね。素直さがなくなったといってもいいでしょう。

■死者は「声」を使って接してくる

一条　『神々の沈黙』を読んで、わたしは古代における神のメッセージは「声」がすべてだったという点にとくに興味を持ちました。神と人は聴覚によって結びついていたのです。視覚というのは、いくらでも惑わされることがあるといいますか、実際トリックも多いですよね。

矢作　見えるものにだまされてしまう。

一条　反対に、人が霊に接するときは、音といいますか、「声」で接することが多い気がします。耳からの情報がとても重要ではないでしょうか。

たとえばチベット仏教では、死者の耳元に話しかけます。『チベットの死者の書』（ちくま学芸文庫）に書かれている通りに、「あなたはもう亡くなっていますよ」とか「まもなく光が現われます」などと語りかけていますからね。

矢作　聴覚は構造上も、ほかの感覚器官に比べ、意識障害や鎮静により意識を落とした状態で最後までその機能が保たれるところです。聴覚は最後の五感といえます。

オーストラリアの先住民のアボリジニはテレパシーで話していたそうですね。言葉を使うのは祭りのときで、歌を歌うために使っていました。

一条　五十歳のとき、生まれて初めてカテーテル検査を受けました。ベッドに縛りつけられて、まったく動けない状態で、非常に不安な思いをしました。CTスキャンを使った検査などでも同じですが、担当の医師の方の声だけが頼りでした。なんだか、チベット仏教の儀式や枕経《まくらぎょう》を聞いている気分でした。

矢作　たしかに、あれは不安というか嫌ですよね。好きな人はいないでしょう。不安に思われて当然です（笑）。実際、医療現場で困るのは、耳が聞こえない、言葉が話せない患者さんです。検査などの指示ができませんから。

一条　三重苦でありながら、さまざまなことを理解していたヘレン・ケラーは不思議というか、すごいですね。

彼女は、「大霊能力者」と呼ばれたエマヌエル・スウェーデンボルグの信奉者だったといいますが、三重苦でどうやってスウェーデンボルグの思想を理解したのでしょうね。

矢作　彼女は高次元とつながっていた気がします。そのときの情報量の多さは桁違いですから。

一条　五感でいえば、嗅覚はどうでしょうか。匂いは死者の記憶を呼び戻すと思います。ガンで亡くなった方は独特の匂いがすると聞いたことがあります。

矢作　人間の嗅覚はたいしたことがありませんからね。どうでしょうか？　そこまで感じられるかどうか。

■現代人の不幸とは何か

矢作　現代人の不幸は、死が見えなくなっていることだと思います。科学の発達によって、視覚で確認することが重要視されすぎている。今の科学は「先に現象ありき」です。

本来、科学とは「未確認のことを追究する」学問でした。「ありえない」「科学的ではない」と否定することが科学ではないはずです。

科学的なことは必ずしも多くない、というよりほとんどが科学では説明できません。たしかに近代医学の進歩は目覚ましいものがあります。でも、現在、認知されている病気のほとんどは、その原因さえ解明されていません。DNAに関しても、その三％を占める遺伝子についてはある程度わかっているものの、残りの九七％、俗にいうジャンクDNAはほとんどわかっていないのが実状です。

医療現場でいえば、気功や代替医療の機序《きじょ》の解明に関してはまったく手つかずの状態です。

一条　村上先生いわく、この宇宙に一個の生命細胞が偶然に生まれる確率は、宝くじを買って一億円が一〇〇万回連続で当たるくらい奇跡的なことだそうですね。その細胞を、わたしたち人間は一人につき六〇兆個も持っています。さらに、ヒトの遺伝子暗号は、約三二億の科学の文字で書かれているというではありませんか。これは本にすると、一ページ一〇〇〇字で、一〇〇〇ページある大百科事典にして、計三二〇〇冊分にもなります。

そんな遺伝子暗号を書いたのは誰か。その正体を、アインシュタインは「宇宙の真理」といい、マザー・テレサは「サムシング・ビューティフル（美しい何ものか）」と呼びました。それを村上先生は「偉大なる何ものか」という意味で、「サムシング・グレート」と名づけられたわけです。本当に素晴らしい言葉ですね！

ところで村上先生によれば、人間とチンパンジーの間にはわずか三・九％の遺伝子情報の差しか存在しないそうですね。

矢作　だからサル（類人猿）と人間が近いという話ではありません。現状の遺伝子を見れば、という条件がつくだけで、サルと人間の間に大きな相関はないはずです。

一条　その些少な差にはサムシング・グレートの思いが入っているのですね。その三・九％の違いの中に「他の動物にはできない仕事をしてくれ」という使命を人間に与えたのでしょう。サムシング・グレートは人間だけにかなりの心の自由、考える力を授けました。そのことを忘れてはいけないと、村上先生は力説されています。

さらに、三・九％の違いの中に、わたしは「死者と交流ができる」というのを加えたいと思います。

第3章

死者＝肉体を脱いだ霊魂

■死を思うことは、幸福を考えること

一条　わたしには、子どものころからどうしても気になっていたことがありました。それは、日本では、人が亡くなったときに「不幸があった」と言うことでした。

わたしたちは、みな、必ず死にます。死なない人間はいません。いわば、わたしたちは「死」を未来として生きているわけです。その未来が「不幸」であるということは、必ず敗北が待っている負け戦《いくさ》に出ていくようなものです。

矢作　「ご不幸」というのは無意識の内にわたしたちは死を不幸な出来事だととらえているということですね。「言霊《ことだま》」というように、言葉には力があります。わたしたちは死を不幸なことにしてしまっているわけですね。

一条　もし「死が不幸なこと」なら、どんなに素晴らしい生き方をしても、どんなに幸福を感じながら生きても、最後には不幸になる。誰かのかけがえのない愛する人は、不幸なまま、その人の目の前から消えてしまう。亡くなった人は

「負け組」で、生き残った人たちは「勝ち組」なのか。

わたしは、そんな馬鹿な話はないと思いました。わたしは、「死」を「不幸」とは絶対に呼びたくありません。なぜなら、そう呼んだ瞬間、わたしは将来かならず不幸になるからです。

死は決して不幸な出来事ではありません。愛する人が亡くなったことにも意味があり、愛した人が残されたことにも意味があるのだと確信しています。そして、人が亡くなっても「不幸があった」と言わなくなるような葬儀の実現をめざしています。

矢作　死が不幸なら、「ご冥福を祈る」というのはおかしくなりますね。

一条　まさに、その通りですね。でも、「死は不幸ではない」と考えているわたしでも、やはり小さなお子さんの葬儀では胸が締め付けられます。小さな棺に向かって泣き崩れるお母さんを見ていると、思わずもらい泣きをしてしまいます。

矢作　それは日ごろから、子どもといえど死と隣り合わせだという意識を持っていることが重要ではないでしょうか。「無明《むみょう》」という言葉を噛みしめてしまいます。

一条　神秘哲学者のルドルフ・シュタイナーは、幼児などの早死にの問題に対して、画期的な考え方を示しています。

誰かが病気になり、通常の人よりも短命な一生を終えたとします。その人は、通常の人生であれば、仕事をはじめとして十分に生かし切れたはずの力を死後も保持しています。早く死ななければ十分に発揮できたはずの力が、いわば余力となって残っているのです。

その人の死後、その力がその人の意志と感情の力を強めるといいます。そして、そのような人は、早死にしなかった場合よりももっと強烈な個性や豊かな才能を持った人間として、再びこの世に生まれ変わってくるというのです。

子どもの場合もまったく同じです。幼くして死んだ子どもは、強力なパワーを持って霊界に参入し、天才として生まれ変わってくることが多いそうです。長生きできる生命力を持っていた人間が不慮の災難に遭って、この世から去らなければいけないとき、その残された生命力はその後も使用することができるというのです。いわば、生命力には「エネルギー保存の法則」が働いているわけですね。

シュタイナーによれば、人類の歴史に影響を与えるような大発明家には、前世において不慮の死を遂げた人が多いそうです。

矢作　たしかに高次元とつながることができる人になって転生してくるのではないかと思います。

一条　シュタイナーほど、死者と生者との関係を考え抜いた人は少ないと思います。彼の思想はシュタイナー研究の第一人者である高橋巖《いわお》氏の『現代の神秘学』（角川選書）にコンパクトにまとめられていますが、まさに、一貫して死者と生者との結びつきについて考えた人でした。

死者と生者との関係は密接です。それをいいかげんにするということは、わたしたちがこの世に生きることの意味をも否定することになりかねないとシュタイナーは言います。

わたしたちは、あまりにもこの世の現実にかかわりすぎているので、死者に意識を向ける余裕がほとんどないですよね。死者どころか、この世に生きている者同士の間でも、他人のことを考える余裕がないくらいの生活をしています。けれども、そうかといって、自分自身とならしっかり向き合えているかというと、そうでもありません。ほとんどの人は、自分自身に対する態度も、他者に対する関係も中途半端なままに生活している状態でしょう。

死者と自分との関係をほとんど意識できなくなってしまったと感じていたシュタイナーは、人智学を発表しなければならないと感じました。それによって、生きている人間が死者との結びつきを持つことができると考えたようです。

■人間は死者として生きている

一条　それでは、どうしたら、この世の人間は死者との結びつきを持てるのか。シュタイナーによれば、そういうことを考える前に、死者＝霊魂が現実に存在していると考えない限り、その問題は解決しないといいます。

つまり、死者＝霊魂など存在しないということになってしまえば、今言ったことはすべて意味がなくなってしまいます。

矢作　死者＝霊魂の存在を認めることが前提ですよね。

一条　ところが、仏教の僧侶でさえ、死者＝霊魂というのは、わたしたちの心の中にしか存在していないという人が多いというのです。そういう僧侶は、人が亡くなって仏壇の前でお経をあげるのは、この世に残された人間の心のための供養だというのです。

矢作　死者のための供養ではないと。

一条　もし、そういう意味でお経をあげているのなら、死者と結びつきを持とうと思っても、当人が「死者などいない」と思っているわけですから、結びつきの持ちようがありません。

死んでも、人間は死者として生きています。しかし、その死者と自分との間には、まだはっきりした関係ができていないと考えることが前提にならなければなりません。

矢作　わたしが『人は死なない』で言いたかったことは、まさに人間は死者（他界の人）として生きているということです。

一条　シュタイナーは多くの著書や講演で、「あの世で死者は生きている」ことを繰り返し主張しました。彼は、こう言いました。

「今のわたしたちの人生の中で、死者たちからの霊的な恩恵を受けないで生活している場合はむしろ少ないくらいです。ただそのことを、この世に生きている人間の多くは知りません。そして、自分だけの力でこの人生を送っているように思っています」

シュタイナーによれば、わたしたち生者が死者からの霊的恩恵を受けて、あの世で生きている死者たちに自分のほうから何ができるのかを考えることが、人生の大事な務めになるのです。

その場合、二つのことが問題になります。

矢作　二つのことですか？　どういうことですか？

一条　第一の問題は、たとえば七、八歳で亡くなった子どもも、人生経験を十分に経て亡くなった人も、死者たちは同じようにあの世にいて、この世に非常に大きな関心を持っているということです。

しかし、死者たちは、この世に残してきた家族とか友人とか、身近な人々のことをどんなに深く思っているとしても、この世にいる生者がその死者たちに向かって語りかけをしない限り、この世の生活を体験することはできないのです。

その理由は、まず死者は物質的な世界の情報は一切受け取れないからです。それから死んだ直後は別ですが、この世の言葉も、イメージや感情がそれにともなわなければ、死者には通じないからです。すなわち、この世の言葉は物質空間の中でのみ響いているのです。

第二の問題は、この世からあの世の人々に何を送ることができるのかというと、それはイメージだけなのです。だから、もし生者が死者たちのことを具体的にイメージすることができれば、死者はそのイメージを通して、この世の人間がどこにいるかを感じることができます。

そうでない場合には、さまざまなイメージが自分の周囲に現われたり消えたりはしていても、そのイメージが自分の親しいこの世の人々から来たものかどうかの区別がつかないのです。

わたしたちが、霊的な内容について考えたり、感じたりするとします。そのとき、自分のかたわらに死者をイメージして、その死者が共にそれを体験しているように感じることができれば、死者はその場所で、その体験を生者と共にすることができるといいます。

矢作　自分の幾度かの交霊経験、信頼できる友人の経験、そしてさまざまな知見からですと、他界の人（霊）はまるでハーフミラーを透《とお》すように見ようと思えばこちら側が見えるといいます。もちろん、こちらからは見えませんが。

また一条さんのおっしゃるように想念はすぐ伝わるようです。ただ彼らがこちらの人たちに望むのは、こちらの皆が幸せに生きて、ときどきは自分たちを思い出してくれることなので、やはりそういうことを心するようにしたいと思います。そうすると亡くなった方々はわたしたちと共に生きることになると思います。

■延命治療、誰が望んでいるのか

一条　今、ほとんどの方が死を病院で迎えていますね。医療器具なのでしょうが、わたしにはスパゲティのように見えるさまざまな管につながれている姿を見ると、いろいろ考えさせられますね。

矢作　重要なことは、そうしたスパゲティ状態にしているのは、死にゆく患者さんというよりは、家族の問題である場合が少なくないということです。今、終末医療で問題になるのが、延命治療です。生命というエネルギーを止めるほうが、はるかにエネルギーが必要ですからね。

延命治療を、はたして患者さん本人が望んで決めているかということです。こういう言い方をすると誤解を招くかもしれませんが、今、その問題を解決すると、医療は変わってくると思います。

わたしの父が死んだときに、母が言ったことを思い出します。父が鬱血性心不全で入院後、病棟で心肺停止になりＣＣＵに入っていたときのことです。

母は父の様子をひと目見てただならぬ様子を悟ったようで、わたしが父から離れたときにごく自然に「お父さんはどんな状態なの？」と聞いてきました。一瞬わたしはどう表現しようかと思いましたが、ふと「お父さんの魂はもうここにはいないよ」という言葉が口から出ました。

それを聞いた母は、「本人の意思なので（主治医に）もうけっこうです、と伝えてくれる？」と言いました。母は父の意思と死をしっかり受け入れていました。

医師として救急・集中治療の現場をやってきたこともあり、これまでわたしは大勢の方が逝く場面に立ち会ってきました。家族に見守られながら眠るように逝く方、苦しみながら亡くなる方、誰も面会に来ず医療スタッフだけに看取られる方、事故で運ばれて意識のないまま逝く方……、人のエンディングというのは、じつに多様です。

亡くなり方はさまざまですが、問題は「最期をどう迎えるか」ということです。つまり、緩和ケアをどうするかという問題に焦点が当てられますが、『お別れの作法』（ダイヤモンド社）でも書きましたが、緩和のポイントは、「呼吸と痛み」です。いかに呼吸をしやすくし、いかに痛みを除くかという点が重要なポイントになります。その二つがクリアできれば、慢性疾患の場合、まるで眠るように亡くなることが可能です。一般に大往生と言われる逝き方はこのケースに相当します。

一条　今、わたしは高齢者の方々にエンディングノートを書いて、持ち歩くことを奨励しています。実際、『思い出ノート』（現代書林）というエンディングノートも出版しました。多くのエンディングノートは、死後の、遺族が困らないために情報を書き記すという目的が前面に出ていますが、わたしが作った『思い出ノート』は遺族の方々に故人の思い出を残すということをコンセプトにしています。

現代人は、医療という手段を手にしたことで、死生観が変わってきたと思います。

矢作　延命ということでやりすぎてきた面があるかもしれません。緩和医療というのも、そうした行きすぎのより戻しの一つではないでしょうか。行きすぎた延命治療と緩和医療、それぞれが歩みよることが必要だと思います。集中治療室に入る人は、本人の意思が反映されているかどうかを調べてみないといけませんね。

一条　高齢者の六割以上が「自宅で死にたい」と思っているそうですね。

矢作　ところが実際は家族に迷惑をかけたくないということで、本人から病院に行かれるわけです。

■迷惑が肥大化している

一条　現代社会は、「迷惑」という概念が肥大化した社会ですね。流行語にもなった「無縁社会」のキーワードも「迷惑」という言葉ではないかと思います。みんな、家族や隣人に迷惑をかけたくないというのです。

「残された子どもに迷惑をかけたくないから、葬式は直葬でいい」

「子孫に迷惑をかけたくないから、墓はつくらなくていい」

「失業した。まったく収入がなく、生活費も尽きた。でも、親に迷惑をかけたくないから、たとえ孤独死しても親元には帰れない」

「招待した人に迷惑をかけたくないから、結婚披露宴はやりません」

「好意を抱いている人に迷惑をかけたくないから、交際を申し込むのはやめよう」

すべては、「迷惑」をかけたくないがために、人間関係がどんどん希薄化し、社会の無縁化が進んでいるように思えてなりません。そもそも、家族とはお互いに迷惑をかけ合うものではないでしょうか。

子どもが親の葬式をあげ、子孫が先祖の墓を守る。これは当たり前のことであり、どこが迷惑なのでしょうか。逆に言えば、葬式をあげたり墓を守ることによって、家族や親族の絆が強くなってゆくのではないでしょうか。

矢作　迷惑をかけることで、絆が強くなるというのはよくわかりますね。阪神・淡路大震災や東日本大震災という未曾有《みぞう》の事態を体験した人は、家族や地域の結びつきが強くなっていますからね。

一条　筋力トレーニングなどでも楽なメニューばかりでは無意味です。いつもよりハードなメニューで負荷をかけられ、ストレスを与えられることによって、強靭な筋力がつきます。それと同じで、大変な経験をし、一種の負荷をかけられることによって、家族や親族の絆は強くなるのではないでしょうか。

また、自分が飢え死にしそうなほど貧しくて、親や親戚が元気ならば、助けを求めるのは当然です。これも、どこが迷惑なのか、わたしには理解できません。逆に、自殺したり、孤独死したりするほうが、よっぽど迷惑ではないでしょうか。何か、日本人は「迷惑」ということを根本的に勘違いしているような気がしてなりません。

矢作　日本人は……やはり戦後、第一次産業から第二次、第三次産業にシフトしていき、人々がそれらの産業のある都市部に移動し、出生率も下がり、核家族化していきました。また、戦後の国家神道解体による反動として宗教一般や先祖崇敬に対する意義が生活の中でだんだん薄れてきました。

戦後教育で個人の権利の主張が強くなる中でお互いの意思の疎通が少なくなり、持ちつ持たれつの意識が薄れてきました。

このような背景で、ふだん一緒に過ごしていない家族の誰かが突然入院しても、患者さんとなった人の意思をなかなかくみ取りにくいことがあるのではないかと思います。

■先祖を思ってきた日本人

一条　わたしたちはもっと「先祖」や「子孫」というものの存在について思いを馳せる必要があると思います。わたしたちは、先祖、そして子孫という連続性の中で生きている存在です。遠い過去の先祖、遠い未来の子孫、その大きな河の流れの「間」に漂うもの、それが現在のわたしたちに他なりません。

　その流れを意識したとき、何かの行動に取り掛かる際、またその行動によって自分の良心がとがめるような場合、わたしたちは次のように考えるのです。

「こんなことをすれば、ご先祖様に対して恥ずかしい」

「これをやってしまったら、子孫が困るかもしれない」

　こういった先祖や子孫に対する「恥」や「責任」の意識が日本人の心の中にずっと生き続けてきました。現代人も、日常生活の中で先祖をもっと意識すべきではないでしょうか。

　たとえば、給料をもらった晩、明細を神棚に上げて、子どもと手を合わせれば、父親が一家を養っているのだ、ということを子どもに教えることができます。それが躾《しつけ》です。何も子どもを厳しく叱ることだけが躾ではありません。また墓参りをすることで、子孫とつながっていることを子どもたちに伝えることができるでしょう。

わたしたちは先祖とつながっています。ぜひ、それをもう一度意識すべきです。

矢作　先祖があり、自分があることを知らなければいけませんね。

一条　そうでないと、子どもや孫に学びを与えることができません。現代の子は死を単純に怖がるだけです。

矢作　そういう方向に持っていければよいと思います。

祖父母のからだを拭いたことがないので、あるいは言葉をかけたりすることがないので、死が実感として感じられにくくなっている。患者さんの遺志を知らないのでしょう。気持ちに寄り添えていないですね。核家族化によって、親子のコミュニケーションがとれにくくなってきたのも事実でしょう。最後にやってきた遠い親戚などが、延命治療を願ったりします。

一条　葬儀が終わったあとに初めて現れる遺族もいらっしゃる（苦笑）。そのへんは、死者はちゃんとわかっていると思いますよ。

矢作　お天道さまが見ていますね（笑）。

一条　故人は、遺族の争いなど見たくありませんよ。きっと、通夜や葬儀のとき、死者は遺影のところにいると思います。そして、遺族の行動をじっと観察しているのではないでしょうか。

第2部

看取る

人は死とどう向き合ってきたか

第4章

日本人の死生観を語る

■幽霊とは「優霊」

一条　第2部では、「人は死とどう向き合ってきたか」をテーマにさせてください。

東日本大震災以来、被災地では幽霊の目撃談が相次いでいるそうです。たとえば、津波で多くの犠牲者を出した場所でタクシーの運転手が幽霊を乗車させたとか、深夜に三陸の海の上を無数の人間が歩いていたといった噂が、津波のあとに激増したというのです。

矢作　突然のことなので、たぶん自分が亡くなったことが呑み込めなかったり、家族のことが心残りだったりする方たちの霊がさまよっているのでしょう。

一条　わたしは、被災地で霊的な現象が起きているというよりも、人間とは「幽霊を見るサル」なのではないかと思いました。故人への思い、無念さが「幽霊」を作り出しているのではないでしょうか。そして、幽霊の噂というのも一種のグリーフケア（悲嘆ケア）なのでしょう。夢枕・心霊写真・降霊会といったものも、それにつながります。恐山のイタコや沖縄のユタも、まさにグリーフケア文化そのものです。そして、「怪談」こそは古代から存在するグリーフケアとしての文化装置ではないかと思います。

怪談とは、物語の力で死者の霊を慰め、魂を鎮め、死別の悲しみを癒すこと。ならば、葬儀もまったく同じ機能を持っていることに気づきます。葬儀で、そして怪談で、人類は物語によって「こころ」を守ってきたのかもしれません。

矢作　葬儀と怪談という組み合わせが面白いですね。

一条　わたしは、「幽霊は実在するのか、しないのか」といった二元論的な議論よりも、「なぜ、人間は幽霊を見るのか」とか「幽霊とは何か」といったテーマに関心があります。「幽霊に関心がある」などと言うと、冠婚葬祭会社の社長としてイメージ的にあまり良くないのではと思った時期もありましたが、最近では「慰霊」「鎮魂」あるいは「グリーフケア」というコンセプトを前提にして、怪談も幽霊も、さらには葬儀も、すべては生者と死者とのコミュニケーションの問題としてトータルに考えることができると思うようになりました。

あえて誤解を恐れずに言うならば、今後の葬儀演出を考えた場合、先ほどの鏡の話（48ページ参照）ではありませんが、「幽霊づくり」というテーマが立ち上がってきます。もっとも、その「幽霊」とは恐怖の対象ではありません。生者にとって優しく、愛しく、なつかしい死者としての「優霊」です。

矢作　優しい霊で、「優霊」というのは面白いですね。

一条　もともと幽霊に関心の高かったイギリスには「ジェントル・ゴースト」という言葉があり、それを怪談研究家の東雅夫氏が「優霊」と訳しています。この「優霊」は今後の葬儀のキーワードになると思うのです。

かつて、わたしは『ロマンティック・デス』（幻冬舎文庫）において、ホログラフィーを使った「幽霊づくり」を提唱したことがありました。芥川賞作家で僧侶の玄侑宗久《げんゆうそうきゅう》さんが、「月落ちて天を離れず」という素晴らしい解説を書いてくださいました。玄侑さんは、そこでわたしが提唱する「幽霊づくり」にも興味をお持ちになっています。

しかし、「幽霊づくり」というのは、けっして奇抜なアイデアではありません。幽霊が登場する怪談芝居だって、心霊写真だって、立派な「幽霊づくり」

です。死者が撮影されるという「心霊写真」は、もともと死別の悲しみを癒すグリーフケア・メディアとして誕生したという経緯があります。すでに死亡している人物が登場する写真や映像は、すべて死者の生前の姿を生者に提供するという意味で「幽霊づくり」なのではないでしょうか。

　葬儀の場面では「遺影」として故人の生前の写真が使われています。これなど、いずれ動画での遺影が主流になるかもしれません。

矢作　なるほど。遺影が変化してもおかしくないですよね。

一条　ただし葬儀は演出に走るだけではダメです。遺族のグリーフケアのための文化装置も大切ですが、あくまでも死者の供養という最大の目的を忘れてはなりません。

■供養は生きている者のため

矢作　供養ということが大きなテーマになると思います。わたしも父と母を亡くし、供養は誰のためにあるのかを考えさせられていますね。

一条　「供養」ということにおいては、まず死者に、現状を理解してもらうことが必要だと思います。それが本当の供養ではないでしょうか。僧侶などの宗教者が「あなたは亡くなりましたよ」と死者に伝え、遺族をはじめとした生者が「わたしは元気ですから、心配しないでください。あなたのことは忘れませんよ」と死者に伝えることが供養の本質だと思います。わたしは、供養とはあの世とこの世に橋をかける、死者と生者のコミュニケーションの一つだと思います。

『ジェットパイロットが体験した超科学現象』（青林堂）という興味深い本があります。著者は、元自衛隊空将で南西航空混成団司令の佐藤守という方です。

自衛隊内で今も語り継がれる霊的な現象についての本なのですが、その中に「八甲田雪中行軍遭難事件」の後日談が紹介されていました。この事件は、一九〇二（明治三十五）年一月に日本陸軍第八師団の歩兵第五連隊が八甲田山で雪中行軍の訓練中に遭難した事件で、新田次郎氏の小説『八甲田山死の彷徨』（新潮文庫）で有名ですね。映画化もされました。訓練への参加者二一〇名中一九九名が死亡しましたが、これは、日本の冬季軍訓練における最も多くの死傷者だそうです。

著者の佐藤さんが八甲田山の古老に聞いた話では、遭難後、青森にある第五連隊の営門で当直につく兵士たちの間で、遭難事件と同じような吹雪の夜になると、行軍部隊が「亡霊部隊」となって八甲田山から行軍して戻ってくる軍靴の音が聞こえたという話が伝わっているそうです。

そこで、ある将校が連隊の営門前で当直して待ち構えていたら、深夜に二〇〇人近くの部隊が行進する軍靴の音が近づいてきたそうです。彼らが営門前に到着した気配を感じた当直将校は「中隊、止まれ！」と闇に向かって大声で号令をかけました。すると、軍靴の音が止まったばかりか、銃を肩から下ろす音までして部隊が停止した気配がしました。当直将校は「諸君はすでにこの世の者ではない。今から冥土に向かい成仏せよ！」と訓示し、改めて「担《にな》えー、銃《つつ》」と号令しました。すると、銃を担《かつ》ぐ音がして、「回れー、右」の号令で一斉に向きを変える軍靴の音がし、さらには「前に進め！」の号令で再び部隊が動き出す気配がしました。やがて行進する軍靴の音は八甲田山の彼方に消えていったそうです。その後、亡霊部隊は戻ってきませんでした。古老は「きっと兵隊さんたちは成仏したのだろう」と佐藤氏に語ってくれたそうです。

八甲田山といえば、実話怪談集として有名な『新耳袋――現代百物語〈第四夜〉』（角川書店）でもシリーズ中、最も怖いエピソードとして八甲田山の怪異が語られています。

矢作　わたしも山でいろいろと不思議な経験をしているので、その話はよくわかりますね。ありうることだと思います。

一条　わたしは、この当直将校の「諸君はすでにこの世の者ではない。今から冥土に向かい成仏せよ！」という言葉こそ、供養の本質ではないかと思います。

『ジェットパイロットが体験した超科学現象』には、太平洋戦争の硫黄島の総司令官であった栗林忠道中将のことも書かれています。栗林中将といえば、独立総合研究所代表である青山繁晴氏のベストセラー『ぼくらの祖国』（扶桑社）の内容が思い起こされます。硫黄島で青山氏が撮影した写真に栗林中将が写っていたというエピソードですが、栗林中将は自分が敵弾に倒れたことを知らせるとともに、娘さんの消息を尋ねたというのです。

佐藤氏は「栗林中将は、硫黄島の戦闘が終結したという〝自覚〟はあるでしょうが、玉砕した三月二十六日以降、祖国がどうなったかについてはご存知ないのではないでしょうか?」と書かれています。そして、それを英霊に教えるのが八月十五日の靖国神社における慰霊祭だと言うのです。

矢作　それができるためには、まずサンフランシスコ講和条約締結による戦争終結と独立回復をしたので、降伏条件であるポツダム宣言から逸脱したGHQによる占領下の国体改変強制の事実を国民がしっかり認識し、制度として靖国神社を国のために殉死した人たちの慰霊施設とすることが必要と考えます。もちろん、いわゆるA級戦犯の問題は法律上すでに解決したことです。あとは一部の国々がその国内事情を反映した国際法にそぐわない反発をすることに対して、国民が毅然とした姿勢を保てることが重要かと思います。見かけ上は「理で勝って情で負ける」ように見えるかもしれませんが、国際社会の常識の中で生きていくにはきちんと筋を通すことが必要です。

一条　当時の将校にとって、「軍命令」は「絶対服従」でした。

佐藤氏は、「召集令状という『赤紙』を出して戦場に送り込んだ国の首相の命令もさることながら、当時の国民にとって〝絶対的存在〟であり『生き神様』であるとされた『大元帥陛下』の御言葉で終戦を知り、矛を収めたいのではないでしょうか。生き残って『終戦の御詔勅』を聞いた者は別として……」と述べられています。

わたしも、戦争で亡くなられた方々を慰霊し、鎮魂することができるのは天皇陛下だけであると思っています。

矢作　わたしもまったく同感です。東日本大震災での天皇皇后両陛下の御行幸《ごぎょうこう》啓《けい》が現地の鎮魂と、残された方々をどれだけ力づけられたかを考えれば言うまでもありませんね。本当に日本は「天皇陛下あっての国」です。

一条　いずれにせよ、供養の本質とは、死者に死んでいることを理解させ、成仏させてあげることだと思います。

■お盆は日本人が編み出した供養のかたち

矢作　第1部でも述べたように、古代から日本人は、人は死ぬとその霊は肉体から離れてあの世にいくと考えていました。そして、亡くなった人の冥福を祈る追善や供養を営々と続けてきました。

盆には仏壇に精進料理を供え、お寺の迎え鐘を突いて精霊を迎え、精霊流しをして帰すといった先祖供養を行ってきました。能の中でも夢幻能《むげん》はまさに此岸《しがん》彼岸《ひがん》を往還する霊の話ですね。昔の日本人はみな、直観的に人間の「死後の存続」を信じていたのだと思います。

一条さんのように実際に葬儀を行う人が、亡くなった人をより身近に感じてもらえるように、「優霊」などの工夫を嫌味のないようになさるのはとてもよいと思います。

一条　ありがとうございます。人間の「死後の存続」を信じる心が、今日のような盆などの風習を残しているわけですね。

「盆と正月」という言葉が今でも残っているくらい、「お盆」は過去の日本人にとっての楽しい季節の一つでした。一年に一度だけ、亡くなった先祖たちの霊が子孫の家に戻ってくると考えたからです。日本人は、古来、先祖の霊に守られることによって初めて幸福な生活を送ることができると考えていました。

その先祖に対する感謝の気持ちが供養というかたちで表わされたものが「お盆」です。

一年に一度帰ってくるという先祖を迎えるために迎え火を燃やし、各家庭にある仏壇でおもてなしをしてから、再び送り火によってあの世に帰っていただこうという風習は、現在でも盛んです。同じことは春秋の彼岸についても言えますが、この場合、先祖の霊が戻ってくるというよりも、先祖の霊が眠っていると信じられている墓地に出かけていき、供花・供物・読経・焼香などによって供養するのです。

矢作　お盆というのは日本人が編み出した供養のわかりやすいかたちですね。地方地方の特色もあり、風習が文化となっている気がします。

一条　こういった一連の供養は、仏教の僧侶によって執り行われます。すこし前に、「葬式は、要《い》らない」と言った人がいました。その後、「葬式仏教」と呼ばれる日本仏教への批判の論調が盛り上がりました。しかし、これまでずっと日本仏教は日本人、それも一般庶民の宗教的欲求を満たしてきたことを忘れてはなりません。その宗教的欲求とは、自身の「死後の安心」であり、先祖をはじめとした「死者の供養」に尽きるでしょう。「葬式仏教」は、一種のグリーフケアを行う文化装置だったのです。

そのことを痛感したのが、二〇一一年の夏でした。被災地では、大震災の犠牲者の「初盆」を迎えました。この「初盆」は、生き残った被災者の心のケアという側面から見ても非常に重要です。通夜、告別式、初七日、四十九日……と続く、日本仏教における一連の死者儀礼の流れにおいて、初盆は一つのクライマックスでもあります。日本における最大のグリーフケア・システムと言ってもよいかもしれません。

わたしは、大震災で愛する人を亡くされた多くの方々の悲しみが、初盆ですこしでも軽くなることを願いました。そして、とても大事なことに気づきました。

それは、基本的に葬儀がなければ、初盆はないということです。葬儀があって、初七日や四十九日があって、初盆が来るのです。小学校に入学しなければ運動会や修学旅行を経験できないように、葬儀をきちんと行わなければお盆というのは来ないのです。もちろん、それは立派な葬儀である必要はありません。セレモニーホールや祭壇があるに越したことはありませんが、なくても別に構いません。大切なのは、死者を悼《いた》み、送るという「こころ」であり、葬儀という「かたち」です。

矢作　わたしもまったく賛成です。「かたち」は思いを集中して込めるよい手段だと思います。無理のない範囲で関係者の方々が心を合わせるのはとてもよいことです。

肉親を亡くした経験のある人はとくにそうではないかと思いますが、「霊魂」や「死後の世界」はその存在を証明できないから認めないと科学的に考える自分と、亡くなった人の霊魂がどこかにいて自分を見守ってくれているのではないかと直観的に感じる自分がいるのではないでしょうか。ついつい、考えても答えの出ないようなことは考えたくない、考えても無駄だ、という気持ちと、亡くなった人のことを疎略にできないという率直な気持ちの両方が生じるのではないでしょうか。

現代の日本に生きる分別を持った人間としては、人間の知性で理解できない事柄に関しては信じることができない、一方でそう考えることに何か割り切れない後ろめたさを感じる、というように二つの背反した思いが交差するのが本当のところではないかと思います。

一条　霊魂を信じている人には共通点が多いと思います。愛する人を亡くした死別の悲しみは計り知れないほど大きなものです。ユダヤ教のラビでもあるアメリカのグリーフケア・カウンセラーのE・A・グロルマンの言葉をアレンジして、わたしは常々、「親を亡くした人は、過去を失う。配偶者を亡くした人は、現在を失う。子を亡くした人は、未来を失う。恋人・友人・知人を亡くした人は、自分の一部を失う」と言っています。

矢作　死別の悲しみは、この世がこの世限りだと思うと底のない深いものとなってしまいます。とくに自分の子どもを亡くした親の悲しみは喪失感だけにとどまらず、ともすれば子どもの夭折《ようせつ》の原因を自分に帰し、自らをひどく責め、生きる意欲さえなくしてしまいます。そして、はては家族の間にひびが入り、ときに離散に至ることもあり、その様子はとても気の毒なものです。

けれども、大切な人と幽明の境を異にするのは一時のことです。残された人たちは、たいへん大きな喪失感の中にありますが、他界した人はどこかで自分を見守ってくれている、それこそこちらの心の内まで見透かして。そしていつの日かあの世で再会できると考えられれば、ずいぶんと心が安らかになるのではないでしょうか。一時の別れはつらいものですが、他界した大切な人たちのためにも、いつもその人たちを思い描きながら前を向いていきたいものです。

一条　スピリチュアルな問題は心理学では手に負えません。精神分析的な処方をただやっても意味がない。もともとグリーフケアの原点である「喪の仕事」とは、フロイトが発案したものですけれどね。でも、「慰霊」とは霊の問題であり、「鎮魂」とは魂の問題です。つまるところ、「霊魂」の問題に行き着くのです。そういった宗教的次元というかスピリチュアルな次元にまで立ち入らない心理学では、本当のグリーフケアは実現できません。

矢作　まったくその通りですね。

一条　東日本大震災で被災された方の中で、数年後に、遺体が見つかった方がいます。未亡人にあたる方は、旦那さんである故人の夢を見ることもなく、自分は薄情な人間だと思っていたそうです。でも、そうではありません。愛する人は、亡くなった人が心を閉じたままなので、霊がアクセスしようと思ってもできないのでしょう。このときも、ご主人の霊は（ご主人の）友達の夢に出てきて、自分の遺体の場所を告げていたそうです。

矢作　霊夢《れいむ》ですね。霊がメッセージを送ろうとしているときに見る夢です。自分を知っている人がはっきり出てきます。第1部でも霊が交信しようとするとき、夢を使うという話をしましたが、はっきり霊が特定できたときは「霊夢」という言い方をしているわけです。

一条　亡くなったご主人の遺体が見つかったあとは、ご主人の夢を見たそうです。

矢作　病院でも、亡くなる方が遺族の方のところや、わたしたち医療関係者のところにお別れに来るという話は聞きますね。

■母との交霊体験

一条　供養という意味では、矢作さんは亡くなられたお母様と交霊というか、降霊した霊と対話をされたそうですね。

矢作　母との交霊をしました。先ほどの祈りの話のように、母が亡くなったあと、わたしがあまりに母のことを心配しすぎている様子を見て、母がアプローチをしてきました。ある朝、友人から連絡があり、「矢作さんと先日お会いしたあとから、お母様が矢作さんのことを心配して、息子と話したいと言っている」という内容でした。

交霊に関する事例は、幾多の心霊研究の文献で紹介されていて、わたしも知識として持っていましたが、いざ自分の身内がらみのことになると、正直驚きました。

どうして母が心配しているのかと尋ねると、わたしが母へ申し訳ないことをしたという気持ちを持っているからだと教えていただきました。そのころ、わたしは生前の母に対し、親孝行らしきこともせずに、一人で死なせてしまったことを心残りに感じていました。毎晩、寝る前にそうした悔悟の念を込めて手を合わせていたのです。

一条　祈りの行為をされていたんですね。

矢作　わたしは、期待半分、不安半分でこの友人に「母に会わせてください」とお願いしました。交霊はわたしの想像をはるかに超えたものでした。気になっていた、母が亡くなったときの様子や、先に亡くなった祖父母、伯母に会ったことも母はわたしに話してくれました。そしてわたしのことを「ずっと見ていた」と教えてくれました。最後に、「とにかくこちらのことは本当に心配しないで」と念を押されてしまいました。

わたしは母との別れが来たことを悟り、「お母さんも元気でいてください。さようなら」と声をかけていました。

一条　お母様も本当に安心されたと思います。わたしには経験がないのですが、交霊というのは、どのような感じなのでしょうか。

矢作　霊媒役をしてくれた友人によると交霊中は、からだの八割方が霊によって占められていて、自分はかろうじて意識だけがあるような状態で、霊が勝手に喋るのを横で聞いているといった感じだそうです。霊媒体質の人は、肉体はわれわれと一緒だけれど、霊体（霊魂）がより高次元（他界）および高次元のもの（霊）と共振しやすい状態といえると思います。

わたしの場合は、母親が望み、それを仲介してくださる人たち（わたしの友人）がいて、交霊が実現しました。いずれにせよ、霊媒役という第三者を通したものでしたが、その方の霊的能力が高く、交霊中はまったく母のような喋り方、表情、くせを表わしていたので母と認識できました。また母が指摘してくれた事実もありました。母との対話は時間的には短いかもしれませんが、わたしにとっては圧倒的な存在感を持った体験になりました。

第5章

死を受け入れるために

■死が生活から遠くなってしまった

一条　誰しも、死に対して大きな不安を抱いていると思います。また、愛する人の死を受け入れるのに苦しむこともあるでしょう。死を受け入れるためには、どうすればいいでしょうか？

矢作　死の受け入れがむずかしい理由の一つは、現代社会において死が生活の中から遠くなってしまったことから生まれていると思います。

そこで死に遭遇してしまった方々と死にゆく人に寄り添っている方々にとって予防的な意味の両方でのグリーフケアが助けになると思います。ふだん死を受け入れる心構えをしていないのに、その場で死をすぐに受け入れるのはむずかしいでしょう。

常日ごろから、死に接すること、たとえば老人ホームでボランティアをするといった経験があれば別ですが……。

一条　そうした経験が身近でできないとすれば、死を克服するためにどうすればいいでしょうか？

矢作　想像力の問題ではないでしょうか。目が曇っていないこと。頭が固くないこと。心に毒を持っていないこと。ふだんからときどきは「死」についていろいろ知り、思いをめぐらせるように心がければよいと思います。さらに言えば、どのような事態に対しても慌てない心構えをするという、生活規範としての「武士道」の心得を知ることもよいかと思います。

一条　武士道は、日本人が到達した究極の死生観ですからね。子どものころから「死」の正体について伝えることが重要だと思います。

「童話の王様」と呼ばれたアンデルセンもうまく伝えています。『人魚姫』や『マッチ売りの少女』などには、じつにうまく霊的な問題が表現され、さまざまな真理が含まれています。読むと、じんわりと心に沁みてきます。

矢作　わたしもアンデルセンの童話が大好きです。

一条　子どもに限らず、人間はワクワクする話に興味を抱きますが、怪談などにもそうした要素があると思います。日本にはたくさんの怪談話が残っています。上田秋成《あきなり》の『雨月《うげつ》物語』や小泉八雲の『怪談』がその代表です。怪談とは、グリーフケアの文化的装置、つまり死者に思いをはせる装置の一つだと思います。

最近読んだ怪談関連書の中で、面白かった本があります。『なぜ怪談は百年ごとに流行るのか』（学研新書）という本です。著者の東雅夫氏は、一九五八年生まれの「怪談スペシャリスト」として知られます。怪談専門誌「幽」の編集長であり、わたしが一時所属していた早稲田大学幻想文学会の先輩でもあります。

同書では、メインテーマの「怪談百年周期説」よりも、「怪談とは何か」を論じた部分に深く共感しました。日本文化におけるさまざまな史実を踏まえて、東氏は次のように述べています。

「要するに、われわれ日本人は、怪異や天変地異を筆録し、語り演じ舞い、あるいは読者や観客の立場で享受するという行為によって、非業の死者たちの物語を畏怖の念とともに共有し、それらをあまねく世に広めることで慰霊や鎮魂の手向《たむ》けとなすという営為を、営々と続けてきたのであった」

怪談は夏に好まれますが、夏といえばお盆です。

矢作　怪談が夏なのは、お盆があるからですか？

一条　東氏は「仏教における回向《えこう》の考え方と同じく、死者を忘れないこと、覚えていること――これこそが、怪談が死者に手向ける慰霊と鎮魂の営為であるということの要諦なのだ」と述べています。

矢作　怪談の本質とは「慰霊と鎮魂の文学」なんですね。

一条　先ほど、被災地の幽霊についてお話ししましたが、同書の最後でも、東氏が「ガレキの下から人の声」という奇妙なニュースを紹介しています。

　東日本大震災から十六日が経過した二〇一一年三月二十七日の朝、石巻市の津波被災地で「ガレキの下から人の声が聞こえる」という情報が警察に寄せられ、自衛隊などによって大がかりな捜索が行われたというものでした。しかし一〇〇人態勢で捜索したにもかかわらず、結局のところ生存者も、遺体も、何も見つかりませんでした。東氏は、「これを怪談として捉えたら」と考えて、次のように述べています。

「大がかりな捜索がおこなわれたこと、多くの人たちが必死に探し求めてくれたこと。それ自体が、せめてもの供養に、手向けになったとは考えられないだろうか。現実には何もできない、してあげられない、だからこそ、せめて語り伝える物語の中で何とかしたい。何かをなしたい。そこにこそ、怪談という行為の原点があり、この世において果たすべき役割があるのだと、私には思えてならないのである」

そう、「慰霊と鎮魂の文学」としての怪談とは、残された人々の心を整理して癒すという「グリーフケア文学」でもあるのです。

矢作　壬申《じんしん》の乱で亡くなった方々やその関係者への鎮魂の性格も持つ初期の『万葉集』（七世紀）以後、『古今和歌集』や『新古今和歌集』などの歌集も同じではないでしょうか。古典文学は『竹取物語』『伊勢物語』から始まって、みな大なり小なり鎮魂の性格を持っているように思います。

■神話こそグリーフケアのルーツ

一条　グリーフケア文学のルーツは、「神話」にもあると思います。神道研究の第一人者である宗教哲学者の鎌田東二氏は『古事記ワンダーランド』（角川選書）という本の中で、『古事記』は日本最古のグリーフケアの書であるといわれています。

『古事記』には、あまりにも有名な「むすび」の場面があります。天の岩屋戸に隠れていた太陽神アマテラスが天の岩屋戸を開く場面です。

アメノウズメのストリップ・ダンスによって、神々の大きな笑いが起こり、洞窟の中に閉じ籠もっていたアマテラスは「わたしがいないのに、どうしてみんなはこんなに楽しそうに笑っているのか？」と疑問に思い、ついに天の岩屋戸を開いてしまうのです。『古事記』は、その神々の「笑い」を「咲ひ《わらい》」と表記しています。

この点に注目する鎌田氏は、次のように述べます。

　神々の「笑い」とは、花が咲くような「咲ひ」であったのだ。それこそが〈生命の春＝張る＝膨る〉をもたらすムスビの力そのものである。この祭りを「むすび」の力の発現・発動と言わずして、何と言おうか。

わが社の社名は「サンレー」といいます。これには、「SUN-RAY（太陽の光）」、そして「産霊（むすび）」、さらには「讃礼」の三つの意味があります。

矢作　御社の社名にはそんな意味が込められていたんですか。奥が深いですね。

一条　近年、わが社は葬儀後の遺族の方々の悲しみを軽くするグリーフケアのサポートに力を注いでいるのですが、『古事記ワンダーランド』を読んで、それが必然であることに気づきました。

なぜなら、グリーフケアとは、闇に光を射すことだからです。洞窟に閉じ籠もっている人を明るい世界へ戻すことです。そして、それが「むすび」につながるのです。

わたしは、「SUN-RAY（太陽の光）」と「産霊（むすび）」がグリーフケアを介することによって見事につながることに非常に驚くとともに安心しました。

矢作　安心ですか？

一条　グリーフケアは心の闇に光を入れることです。でも、一度は断ち切られなければいけない。時間と空間を断ち切る、それが儀式の力です。これが「讃礼」という三つ目の意味につながります。

矢作　断ち切ることの重要性は本当に感じますね。遺族の方の中には、断ち切ることができない方がたくさんいます。

一条　二〇一〇年六月、わが社では念願であったグリーフケア・サポートのための自助グループを立ち上げました。愛する人を亡くされた、ご遺族の方々のための会です。月光を慈悲のシンボルととらえ、「月あかりの会」という名前にしました。

矢作　ロマンティックな名称ですね。

一条　一九九五年、阪神・淡路大震災が発生しました。そのとき、被災者に対する善意の輪、隣人愛の輪が全国に広がりました。じつに、一年間で延べ一三七万人ものボランティアが支援活動に参加しました。ボランティア活動の意義が日本中に周知されたこの年は、「ボランティア元年」とも呼ばれます。

十六年後に起きた東日本大震災でも、ボランティアの人々の活動は被災地で大きな力となっています。二〇一一年は「グリーフケア元年」であったと言えるでしょう。

グリーフケアとは広い意味では、「心のケア」です。グリーフケアという言葉が一般的に使われるようになったのは、やはり阪神・淡路大震災以降だそうです。被災した方々、大切なものを失った人々の精神的なダメージが大きな社会問題となり、その苦しみをケアすることの大切さが訴えられたのです。

わたしは、せっかく世間的にも認知されてきて軌道に乗りかかったグリーフケアを形骸化させたくありません。今後、さらにグリーフケアの波を広げたいです。

■グリーフケアとしての読書

一条　グリーフケアとは、愛する人を亡くした人の悲しみをすこしでも軽くすることです。そして、そのためには読書が大きな役割を果たすのではないかと考えています。

日本を代表する教育思想家に森信三という方がいます。多くの教師に多大な影響を与えてきた人です。すこし前に、森信三の「幻の読書論」といわれる『人生論としての読書論』（致知出版社）という本が刊行されました。その中で、読書の趣を真に理解できている人は、一身にして「二種の世界の住人」であると森信三は述べています。

ここでいう「二種の世界」とは何でしょうか。一つは、言うまでもなく、世間で普通に人々とつきあっていく社会生活です。そして、もう一つの世界とは、本の中に描かれている世界であり、本を通して知ることができる世界のことなのです。人は読書によって「二種の世界の住人」になれるのです。

すると、どうなるのか。この日常生活の世界で苦痛なことや悲痛な出来事に遭遇しても、これまでほどには歎き悲しまなくなるというのです。

それは、なぜでしょうか。

森信三は、「いかに書物を読む人でも、いやしくもこの肉体をもっている限り、わが子を失った場合の悲痛な思いは、地上における最大最深の悲痛事と言ってよいであろう」と述べています。

じつは、彼は愛する子どもを失った経験があるのですが、その深い悲しみの底から読書によって立ち直ったというのです。森信三は、次のように書いています。

書物を読む人は、多くの人々がわが子を失った悲しみについて書いた書物を読むことによって、世間には如何にわが子を失った人々が多いかということを教えられて、それまでは自分の周囲にも、わが子を失った人のあることにさえ気づかぬほどに、わが身ひとりの悲歎に沈んでいた人も、ようやくにしてこの地上には、わが子に先立たれた親の如何に多いかを知ると共に、自分としては、今度初めてわが子を亡くしたのであるが、世間には三人の子どものすべてを失い、今や人生の老境にのぞんで、ただ老夫婦のみが残されているというような人さえ、決して少なくないことを知らされるに及んで、これまでは自分こそこの世における最大の悲しみを負う者と考えていたことの、如何に誤りだったかを知らされるようにもなるのである。

わが子を失ったのは自分だけではない。人類の歴史がはじまって以来、同じ悲しみを抱いた人が無数にいることを本は教えてくれます。その気づきとは、ブッダのアドバイスで死者を出していない家を回ったキサーゴータミーの気づきと同じものです。

ブッダのすごさは、わが子を亡くして悲しむ母に、「子どもを生き返らせる」と約束することです。否定するのではなく、希望を受け入れ、それが不可能だということ――死者を出したことがない家がないことを自分で気づかせるわけです。自分だけが悲しい思いをしたのではないということが、悲しみから立ち直るきっかけになるということです。

矢作　まさに本の力、読書の力ですね。

たしかにわたしも登山以外にも読書でずいぶん癒されています。

なお医療者の立場から一言。本当に落ち込んでうつ病になると、本当にもう何もする気力がわかなくなります。とても本を読むどころではなくなります。そんな状況ではまずは眠ることと食べることができるかどうかが問題となります。したがってこのように落ち込んでしまう前に、あるいは落ち込みから脱出して人心地ついたときに、読書が力づけてくれることと思います。

大切な人を亡くしたときの喪失感はとても大きいものです。「日にちぐすり」と言いますが、三回忌があるように、その喪失感を悲しむことなく感じることができるようになるにはやはり年単位かかるものと思います。

落ち込みそうになったときに、あるいはすこし元気が出てきたときに、読書は居ながらにしていろいろな人たちの気持ちになれるので勇気づけられることと思います。

こういうときに読む本はなんでもよいと思います。

一条　森信三は、さらに次のように述べています。

しかも書物を読むことが、しだいに身についてくると、人々は単に上に述べただけではなくて、広い世間には、わが子を亡くした悲しみを越える道として、どうしたらわが子の霊が浮かばれるか、というような問題についても、考えたあげくの果て、もしわが子が水泳中に亡くなったとしたら、わが子の亡くなったその淵の近くに、地蔵菩薩の像を祀って、その淵がいかに恐ろしい「魔の淵」であるかを警告する一助としたり、あるいは又、これまでとても幾人かの子どもが輪禍にかかって斃《たお》れた「魔の辻」

で、わが子もついに命を失ったとしたら、そこへ交通禍の危険防止のために、金を寄附して標識を建てるとか、また遮断機のない場合には、これを寄附する等々の事をしている親の少なくないことを知らされて、自分もこれまでのように、ただ歎き悲しんでいるだけでは、死んだわが子の霊も真実には浮かばれぬことに目覚めて応分の寄附をし、同じ所で再び同じ種類の災禍の起きないようにと努力する気になったとしたら、その時その人は、一方では亡くなったわが子に対する悲歎の念いは、何ら消滅したわけではないにも拘らず、その人の住んでいる今一つの世界においては、今やこれまでのように、ただわが身ひとりの悲しみに歎き沈むという、これまでの世界を越えて、わが子の犠牲を機縁として、広く天下の子どもたちを守ってやろうという考え方にもなるであろう。

これは、まさに悲しみの社会化ということに他なりません。そして、その社会化された悲しみは、多くの人々の命を救うことにもなるのです。

このように、読書によって悲しみを昇華することもできるのです。

矢作　たしかに読書もまたグリーフケアですね。

一条　わが社では、「ムーンギャラリー」という施設を展開しています。葬儀後のご遺族の悲しみを癒すグリーフケア・サポートのための場所です。

ご遺族の会である「月あかりの会」を中心に、さまざまなセレモニーやイベントなどを通じて、グリーフケア・サポートを行っています。カウンセリング・ルームも備え、専門家によるカウンセリングなどもお世話いたします。

さらには、「グリーフケア」をテーマとした書籍やＤＶＤやＣＤのコーナーもあります。矢作さんやわたしの著書も置いていますが、それ以外にも絵本をはじめ、多くの名著を集めました。「死別の悲しみを癒す」ための本をこれだけ揃えた場所は、全国でも珍しいのではないでしょうか。ここでは、グリーフケアのための読書案内も行っています。これからも読書によるグリーフケア活動を進めていきたいと思います。

矢作　グリーフケアとしての読書の効用はとても大きいと思います。先人の智恵、経験を居ながらにして知ることができるのは素晴らしいことです。

■読書とは交霊術である

一条　矢作さんは大変な読書家ですよね。『人は死なない』で取り上げている本のバリエーションの豊富さには驚きました。現代日本に読書階級というものがあるとすれば、医師は本当によく本を読まれる方が多いですね。自分で言うのもなんですが、わたしも無類の本好きで、昨年のクリスマスに「一条真也の読書館」という書評サイトを立ち上げたくらい、かなり読むほうです。

ところで、わたしは「読書とは交霊術」だと考えています。

矢作　本とは大多数が、今は亡くなった人が書いた、死者の書でもあるわけですからね。

一条　わたしは読書をしていると、たとえば『論語』を読んでいると、まるで孔子がわたしの目の前で、わたし一人に話し掛けてくるような錯覚に陥ることがあります。

矢作　変な本を読むと、霊（著者）に影響されてしまいそうですね（笑）。

一条　たしかにそうですね。気をつけます（笑）。

矢作　一般的な読書の目的は、単に知識の吸収かもしれませんが、わたしは読書から勇気をもらっています。

一条　じつは、わたしは矢作さんのことを「勇気の人」と呼んでいます。

大きな話題を呼んだ『人は死なない』は、何より、現役の臨床医が「死」を語ったところに最大の価値があります。この世界では多くの臨床医が患者の「生」と「死」に直面し続けていますが、その背景にある神秘について語った人はこれまでいなかったのではないでしょうか。

矢作さんはサン゠テグジュペリのような人だと思います。『夜間飛行』『人間の土地』、そして『星の王子さま』といった名作を書き残したサン゠テグジュペリは初期の飛行機乗りでした。

飛行というのは一種の臨死体験であると、わたしは思います。飛行機とは肉体から飛び立つ幽体そのものであり、天空から見下ろす地上とは幽体離脱後の肉体なのです。

もっとも、飛行機に乗ったのはサン゠テグジュペリが初めてではありません。彼の前には、かのライト兄弟やリンドバーグもいました。しかし残念ながら、ライト兄弟には文才がありませんでした。

リンドバーグには『翼よ、あれがパリの灯だ』という有名な著書がありますが、あくまでもノンフィクションの古典とされる手記の類であり、サン＝テグジュペリのように飛行体験を文学体験、あるいは哲学的思考にまで高めたわけではなかったのです。

豊かな想像力によって地上の束縛を脱ぎ捨て大空に飛翔した物語は、古代中国の『荘子』をはじめとしてたくさんあります。しかし、実際に空に飛び立って新たな世界像を提示したのはサン＝テグジュペリが人類史上初めてではないでしょうか。

大空から見た大地には、当然のことながら国境などは存在しません。国家も民族も言語も宗教も超えた「地球」、そしてそこに住む「人類」をサン＝テグジュペリは天上から見てしまったのです。

それとまったく同じことが、矢作さんの執筆には言えるのではないかと思います。

矢作さんが担当されている患者さんの名前をお聞きして、わたしは本当に仰天しました。間違いなく日本で最高の超ＶＩＰの方々ばかりです。矢作さんご自身が日本を代表する臨床医なわけですが、そんな凄い方が「魂」や「霊」の問題を正面から語り、「人は死なない」と堂々と喝破《かっぱ》されました。

これほど意義のあることはありませんし、ものすごく勇気が必要だったと思います。しかも、現役の東大医学部の教授にして臨床医が「死」の本質を説いたことは、末期の患者さん、その家族の方々にどれほど勇気を与えたことでしょうか。

多くの死にゆく人々の姿を見ながら、多くの尊い命を救いながら、またあるときは看取りながら、真実を語らずにはいられなかったのでしょうね。まさに、矢作さんこそ、「義を見てせざるは勇なきなり」を実行された「勇気の人」であると思います。

矢作　ダライ・ラマ法王にＵＦＯの話もさせていただきました（笑）。わたしは人を傷つけない事実なら言えばいいと常に思っています。事実を認めないほど、偏狭では困ります。ＵＦＯを見て今の人類とは比べものにならないほど高い科学・技術の産物だと感じました。そうした事実を認めることから、謎を解明していくのが科学です。

ちなみに葦原瑞穂さんの『黎明』（太陽出版）を読んだのですが、よくまとまっていました。著者は八ヶ岳の麓に在住だった方です。物理に造詣の深い方だと推察しますが、本当にこれ以上嚙み砕いた本はないのではないかと思えるもので、科学者が読むといい刺激を受けるのではないでしょうか。

また、医療に関する本では、代替医療・統合医療のこれからを考えるうえで米国のリチャード・ガーバー医師の書いた『バイブレーショナル・メディスン』（日本教文社）も良い本だと思います。この本でも、わたしたちが生きるこの世という物質界から他界である高次元世界にまで言及しています。

最新の物理学の世界でも同じように、高次元の存在について言及していま す。たとえば、「場の量子論の超弦理論」が提示している世界――振動数が上がるにつれて次元が上がる、幾重にもある高次元世界がわたしたちのこの世と重なっているなどと述べています。

わたしたちが肉体を脱いだあと、自分がすぐ上の次元の世界に移るだけだということがわかるのではないかと思います。

一条　わたしも『黎明』を読みましたが、じつに興味深い内容でした。一九九八年に初版が刊行され、現在では上下巻で出ています。上巻の「序章」には次のように書かれています。

「本書では精神世界の様々な分野について、人間の知覚と意識の科学的な探究から始めて、インドのヨガやヒマラヤの聖者達の世界、日本神道や仏教、ヒンズー教やキリスト教といった宗教の側面、そしてニューエイジと呼ばれる新しいアプローチや地球外生命（Extraterrestrial Life）に関する情報も含めた、全体の関係を一望できる視点に立つための、幾つかのヒントを挙げていきます」

著者自身が書いているように、『黎明』はいわゆる「精神世界」のジャンルに属する本ですが、その広さと深さがハンパではありません。構想に二年、執筆に十一年四カ月かけたというだけあって、非常に充実した内容になっています。

わたしたちの目に見える世界を「幻」ととらえ、「解脱」をメインテーマとしながらも、「波動」「普遍意識」「輪廻転生」「アセンション（地球の次元上昇）」「幽体離脱」「空中浮揚」「物質化現象」「テレポーテーション」「ヒーリング」「チャネリング」「地球の先住民」「超古代大陸」「地場調整」「ピラミッド」「ＵＦＯ」「エイリアン」など多様な内容を独特の視点で説明しています。

さらには、ブッダやイエスやサイババなどを「大師」と呼び、宗教の真の役割についても触れています。その総合性には目を見張るものがありますが、わたしは神智学の影響が強いのではないかという印象を持ちました。

第6章

日本人の死に欠かせないもの

■宗教の役割——答えは自分の心の中にある

一条　宗教の役割について、矢作さんはどうお考えですか？

矢作　キリスト教、イスラム教、仏教のような世界宗教は、教祖の言葉と組織としての宗教の実践との間にどうしても開きが生じてしまいます。宗教・教派の〝くせ〟が出る面が否めません。ですので、その良いところを汲んでいければよいのではないかと思います。

　ただ新しい宗教・教派では、その求心力が教祖の霊力に拠っていた面があるので、トップとして教祖のあとを嗣《つ》いだ人が、普遍意識とつながれるような能力の高い人でなければ、宗教としてはなかなか苦しいと思いますね。

一条　オウム真理教事件以後、霊的なことを語りづらい時代になったかもしれません。

矢作　日本の今の宗教は社会への影響力の程度や人々の心の支えという意味ですこし弱い気がしますね。それぞれの宗教には良いところもたくさんあるので、むしろ逆境を跳ね返すようなことをしてほしいですね。

オウム真理教事件を解析されている方々がいますが、普通の精神状態だったらあまりむずかしく考えなくても、感性でおかしいと思えたはずなのですが。

三十年以上前のことですが、麻原彰晃が書いた本を買って読もうと思ったらどうも変だと気づきました。まず教祖の顔の表情や雰囲気が汚い。もちろん書いてあることはもっとおかしいわけです。また、講演のときに、信者に自分の乗った神輿のような椅子を担がせて壇上に登場する。こういうことを見たら普通におかしいと思うはずなのですが。

まず、この、相手を客観的に見ることであとがほぼ決まるように思います。この時点がファイアーウォールです。ここで一旦相手の手に乗ってしまって組織の中に引き込まれたら、そこからの離脱はたいへんむずかしいと思います。

大切な人を亡くした、失恋、借金、仕事がうまくいかないなど、苦しい精神状態で誰かに依存したくなるときが危ないと思います。こういうときに心の隙をつかれて引っかかってしまうのだと思います。常々こういうものに引っかからないよう、

①　ちゃんと名乗らない
②　多額の金品を要求する
③　自由意志を拘束する
④　自分が絶対で他者を否定する

というような素振りを見せる相手は拒むように心掛けたらよいと思います。
一旦相手の手に乗ると、場合によっては手始めに出す飲み物に薬物を混入させ、マインドコントロールまで持っていくことがあることを念頭においておいたほうがよいと思います。

一条　信者の人々の中には高学歴者もいましたよね。

矢作　それがおかしいわけです。高学歴と霊性が高いことや人間性はまったく関係ないということです。高学歴であっても徳を積んでいることの証左にならないことを証明してくれました。誤った方向に走った集団——この一言で十分です。直観で十分に判断できます。そんなむずかしいことではなく、理性と直観のバランスをとれば大きく間違うことはなかったと思います。

一条　ダライ・ラマ法王は麻原彰晃に何度も会っていますね。わたしは、一度会うのは仕方ないにしても、何度も会うことはなかったと思います。オウムがあそこまで発展した背景には、ダライ・ラマ法王と麻原彰晃の交流を宣伝に使ったことが一因だと言う人もいるくらいですから。

矢作　大切なのは、胸に手を当てて考えることです。自分に問うてみることです。答えは自分の心の中にあります。

一条　『人は死なない』の冒頭で矢作さんの「幼いころの記憶」が書かれていますよね。そう、「良心に問うてみる」というくだりです。

矢作　はい。幼いころ、わたしは「どうして人間には良心があるのだろうか」という素朴な疑問を持っていました。もし自分が生きている世界がこの世でしかないとしたら、何をしてもよい、どんなに悪いことをしてもよい。たとえば人を殺しても、死ねばすべてはなかったことになってしまう。この世は夢なのだろうか。そうだとしたら良心なんかなくてもよいことになる。そんなことがありうるだろうか。

その一方で、自分が生きる世界はこの世でしかなく、死ぬと無になれるのならどんなに楽だろう、この世で何をしてもよいし、疲れたら死ねばよいことになる。幼いながらも、生きるということに対して何かとんでもない旅路につかされているようなしんどさを感じていたわたしは、何も考えなくてすむなら無になりたいものだとも思っていました。

一条　哲学の原点ともいうべき問題がすべて語られていると思います。

矢作　なぜ自分は今ここにいるのだろうか、自分のいる地球を含めたこの宇宙はどうして存在するのだろうか、この宇宙は誰が創ったのだろうか、といったことを考えていました。わたしが子どものころには、お年寄りが「お天道さまが見ている」と言っているのをよく耳にしたものですが、その「お天道さま」という言葉の中に、人を超越した何か大きな意志の存在を、子ども心にも漠然と感じていました。

一条　このような疑問を持った少年が成長して、医学に関わる人物になったという。それだけで、『人は死なない』を読み進んでいく興味が大きく膨れ上がっていきました。

矢作　子どものときに感じた疑問が今につながります。一条さんは、七歳までは神に近いと書かれていますよね。

一条　古神道の流れを汲む霊学などでは、二、三歳の子どもを暗い部屋に連れていく儀式があると聞いたことがあります。そこで、幼児に向かって「おまえは、どこから来たのか」と聞くと、聞かれた子どもは「どこそこの誰それの生まれ変わり」などと話すそうです。

矢作　三歳くらいまでは霊視、霊聴ができる子はけっこういるようです。

一条　昔は、日本では七歳までの子どもが死んでも葬式はしなかったといいます。七歳までは、まだ人間ではないんですね。七五三のお祝いというのは、こちらの世界の住人になったことを祝う儀式だったんです。還暦もそうです。六十歳を過ぎると、向こうの世界の住人になれました。七歳以下の子どもと六十歳以上の老人は「あちら側」に最も近い人間なのですね。

矢作　人はみんな理性と直観のバランスをとり、自分が生かされていることを謙虚に自覚し、良心に耳を傾け、足るを知り、心身を労《いたわ》り、利他行をし、みなと調和し、今を一所懸命に生きられたらとわたしは思っています。そして、「死」を冷静に見つめ穏やかな気持ちでそれを迎え、「生」を全うできれば幸《さいわい》だと思います。

■天皇の有難さを語る

一条　ところで、以前、矢作さんは二冊の対談本を送ってくださいました。気功家・鍼灸師の中健次郎氏との対談本『人は死なない。では、どうする？』（マキノ出版）、モンロー研究所公認レジデンシャル・ファシリテーターの坂本政道氏との対談本『死ぬことが怖くなくなるたったひとつの方法』（徳間書店）の二冊です。いずれも非常に刺激に富んだ興味深い対談本でしたが、ともに明治天皇がヒーラーであったと述べられており、強い興味を抱きました。また、伯家神道《はっけしんとう》についてのくだりも興味深かったです。

矢作　明治天皇の践祚《せんそ》（天皇の位につく）まで、宮中では伯家神道が伝承されていました。伯家神道とは、宮中を司ってきた神祇《じんぎ》、白川伯王家により伝承されてきた神道です。特殊神事として密かに継承されてきたものが、「祝之神事《はふりのしんじ》」と呼ばれるものです。

「祝之神事」はたいへん大切な神事で、皇太子殿下が天皇陛下に践祚されるときに、神と天皇陛下とが不二一体となられるご神儀と言われております。この「祝之神事」の具体的な内容については、部外者には一切口外無用とされています。実際に明治天皇は、エネルギー・ヒーリングができたといわれていますお若い明治天皇が荒くれ者の明治の元勲たちを心服させられた一つの理由ではなかったかと思います。

第二次世界大戦後、日本人をGHQが骨抜きにしようと思ったのは、日本人の力を知っていたからです。「敗戦国の憲法をいじってはいけない」という国際法を犯してまでも、憲法を押し付けたのは、恐怖心からだったと思います。その産物であるGHQの洗脳教育の恐ろしさと、それをさせた日本人の民族性のすごさを感じますね。

一条　そんな日本人がいよいよダメかと思ったのは、天皇（現・上皇）陛下の東日本大震災の追悼式典での、放射能被害に関するお言葉をカットして報道したことです。

矢作　まったくその通りです。ただ、何か意図があったわけではなく、単なる罪なき無知でした。それはそれで問題なんですが……単純にニュースの尺に合わせたというのが真相です。

一条　ニュース性から言えば、天皇陛下の追悼のお言葉より重要なものはないと思いますが……。

矢作　ノーカットで放送すべきですね。わたしは『天皇』（扶桑社）という本を出しましたが、ここには天皇陛下への感謝の気持ちと御礼、そしてそういう気持ちを明らかなかたちで表わすことが少なくなってしまった日本人のことを書きました。いわゆるゆがめられた日本の近現代史の産物についてです。戦後の日本に仕掛けられたさまざまな洗脳ですね。

一条　東日本大震災以降、日本人が天皇陛下の存在意義に気づいたような気がしてなりません。東日本大震災後、天皇皇后両陛下は七週連続で被災地・避難所をご訪問されました。これは、皇室史上初となる熱心なご訪問でした。そこで天皇皇后両陛下は、一人一人の被災者に温かく声をかけられました。被災地・避難所での滞在時間は約九時間十一分にもなりました。ここまで、被災者を見舞った国家の元首や政治家が世界のどこにいるでしょうか。ましてや、がんに冒され、心臓に病を患った方がそこまでされたのです。

この時期の変化として、日本を代表するインテリたちが「天皇陛下は素晴らしい」という発言をしています。「知識人」と呼ばれる人々が天皇を認めていることです。それも、かつては反体制で天皇制反対を叫んだであろうような人々が……。たとえば、中沢新一さんと内田樹《たつる》さんの対談集『日本の文脈』（角川書店）では、「天皇」について次のように語り合っています。

【中沢】　今回の震災と原発事故のあとに感じたのは、日本の民は立派だということです。天皇のお振る舞いも立派でした。でもそのあいだにいる官僚がダメですね。

【内田】　荒ぶる神を鎮める仕事の専門家は天皇ですからね。陛下はきっと宮中で原発のために事故以来ずっと呪鎮《じゅちん》儀礼をしてると思いますよ。たぶん、たくさんの人がいまも日本中でひそかに原発供養をしている。でも、政治家と官僚とメディアはそういうことを一言も言わない。

以上のようなやり取りを読んで、わたしはすこし驚きながらも、嬉しくなりました。

よく知られているように中沢氏は共産主義にシンパシーを感じている人であり、内田氏も学生時代は機動隊と衝突するような運動家でした。そんな二人が手放しで天皇を称賛していることが新鮮でした。そもそも学者というのは革新を気取り、天皇制など頭から否定するものだという時代もありましたよね。

しかし、誰よりも自由で軽やかな「知」の申し子である二人が天皇を肯定していることに一種の爽やかさを覚えました。ちなみに、『原子力と宗教』（角川oneテーマ21）で対談している鎌田東二、玄侑宗久の両氏も同書の中で、天皇の持つ「癒しの力」をきわめて高く評価しています。

矢作　東日本大震災と天皇陛下ということで言えば、発災五日後の三月十六日夕方の天皇陛下の玉音放送はじつに偉大な御行為だったと思います。同日、天皇陛下は東日本大震災で被災された方々をはじめとする国民に向けてビデオを通じてお言葉を述べられました。

この平成の玉音放送を拝するのは、じつに一九四五年八月十五日の昭和天皇の「大東亜戦争終結ノ詔書」以来のことです。そしてこの今上陛下のお言葉がアメリカ合衆国政府を動かし、福島第一原発の収拾にもたついていた日本政府に活を入れる梃子となり、結果的に日本が救われました。

■愛国心と日本人のこころ

一条　天皇陛下へのリスペクトを口にすると、すぐに「右翼」などと言われた時代がありました。わたしが高校生のころもそうでした。当時、三島由紀夫に心酔していたわたしは、そういう風潮に反抗して、あえて「憂国」という同人誌を刊行したこともあります。

3・11の直後、テレビでACのCMがたくさん流れました。そこには、「日本は一つ」「日本は強い国」「日本の強さは団結力」などのメッセージが謳われました。SMAPも嵐もサッカー選手たちも、同様のメッセージを口にしていました。その様子を「危険な流れ」とか「ナショナリズムの再来」とか「右傾化の不安」だとかいった頓珍漢な意見をブログなどで目にしました。わたしは「まったく、情けないことだ」と思いました。

大震災直後の日本に良い意味でのナショナリズムが必要なのは当たり前ではないですか。未曾有の「国難」にあって「愛国心」がなければ、日本は滅亡するではないですか。頓珍漢な「反日日本人」たちは、いつまで平和ボケし、「批判癖」という悪癖を捨てられないのか。こんな非常時につまらないチャチャを入れる人の品性を疑います。

「愛国心」についてですが、わたしは日本の最大の不幸の原因は「国を愛している」と堂々と口にできない社会的素地を作った戦後教育にあったと思っています。世界中、「愛国心」を否定する人間が存在する国家は日本以外にはありません。愛国心は、他者を愛し、隣人を愛し、郷土を愛する心の延長線上にあるものです。わたしは、渋沢栄一も大杉栄も内村鑑三も賀川豊彦も出光佐三も小林秀雄も三島由紀夫も深くリスペクトしています。彼らはいずれも大いに「愛国心」を持っていた人だと思っています。

矢作　自分の肉親や知人友人、生活させてもらっている故郷《ふるさと》、その延長としての国への感謝と愛着心を持つのは人の情として当然のことと思います。またそのような心掛けは、同じくライトウィングの綴りですが、「右翼」ではなく「正翼」と訳したほうがよいとずっと思ってきました。

　どこの国民も祖国の正しい歴史と祖国を大切にする教育をして、国民として志を持って立派に生きています。そもそも神の創りたもうたわたしたちが自分や自分の拠って立つ国を大切にしなかったら神意に反します。もちろんいつの日か世界中の人間の民度がものすごく向上して世界が一つになるまでの話ですが……。


一条　わたしは、天皇陛下の存在は「日本人のこころ」そのものであると思っています。

　ユダヤ・キリスト・イスラムのいわゆる三大「一神教」において、信仰の根幹に関わる大問題として「三位一体説」があります。

　まず、イスラエルの地でユダヤ人が唯一絶対神であるヤハウェを信仰しました。ユダヤ教の誕生です。それをキリスト教徒が引き継ぎました。ユダヤ教もキリスト教も、同じ唯一絶対の神を信じることに変わりはありませんが、ユダヤ教が徹底して唯一の存在としての神を信奉するのに対し、キリスト教では後世、多くの緩やかな神についての解釈が採用されました。

その代表が、三位一体説です。すなわち神とは、「父」と「子」と「聖霊」。父なる神、人の罪を贖《あがな》うキリスト（救世主）としての神の子イエス、個々の信仰者に現れる神の化身的存在あるいは神の霊としての聖霊の三つで、それら三者が曖昧《あいまい》に微妙なバランスをもって、ともに神として存在しているというのです。

このような三位一体説、つきつめればイエスの存在をどうとらえるかでユダヤ・キリスト・イスラムの三姉妹宗教は見方を異にし、対立して、血を流し合ってきたと言えます。

ところが、わたしは、日本こそ三位一体説の国ではないかと考えています。それは、「父」と「子」と「聖霊」によるものではありません。そうではなく、「神」と「仏」と「人」による三位一体説です。

宗教や信仰とは結局、何かの対象を崇敬し、尊重することに他なりませんが、日本人は森羅万象にひそむ神を讃え、浄土におわす仏を敬い、かつ先祖を拝み、君主をはじめ他人に対して忠誠や礼節を示してきました。かつてプロ野球で、西鉄ライオンズの黄金時代には「神様、仏様、稲尾様」と言われ、阪神タイガースでも「神様、仏様、バース様」と言われました。WBCで日本が初優勝したときは、「神様、仏様、イチロー様」と言われました。

矢作　一条さんは野球より、やはり柔道ですよね（笑）。

一条　あの梶原一騎原作の名作漫画『柔道一直線』の主人公・一条直也からペンネームをつけたわけですから（笑）。

矢作　あ、『人は死なない』での誤記がまさにそれでしたね。一条さんのことを「一条直也氏」と書いてしまったのです。本当に申し訳ありませんでした。

一条　そんなこと、まったく気にしていませんよ（笑）。それどころか、その誤記のおかげで、矢作さんにお会いできましたし、こうして対談も実現したわけですから、むしろ感謝しているくらいです。あの誤記には意味があったんですよ。

矢作　そう言ってもらえると、気が楽になります。

一条　それはともかく、生身の人間を神仏と並べるとは、考えてみればすごいことです。まさに「不遜のきわみ」であり、まことに畏《おそ》れ多いことです。ユダヤ教、キリスト教、イスラム教といった一神教においては、神と人間を並べるなど、絶対にありえません。しかし、日本ではそれが当たり前に行われてきました。

さかのぼれば、西郷隆盛や徳川家康といった歴史的英雄がそうでしたし、そもそも、日本では天皇そのものが神仏と並び称される存在でした。なにしろ天皇とは、『古事記』に出てくる神々の子孫でありながら、仏教の最大の信者であったという歴史を持つのですから……。

矢作　すべてに神性がそなわり、またその表れであることをからだでわかっていた日本人の古神道の心が表れているのでしょうね。

一条　日本人は、「神様、仏様、××様」と、現実に生きている人間を神仏と並べます。

これは、まさに神、仏、人の三位一体です。それらの器となった宗教こそ、神道、仏教、儒教です。そして、日本流「三位一体」をなす「神仏儒」を一つのハイブリッド宗教として見るなら、その宗祖とはブッダでも孔子もなく、やはり聖徳太子の名をあげなければならないでしょうね。

わたしは、神道や仏教のみならず、儒教までをその体内に取り入れている日本人の精神風土を全面的に肯定します。別に「無宗教」とか「宗教の世俗化」ということで卑屈になる必要はまったくありません。互いの神を認めない一神教の世界では、戦争が絶えません。しかし、日本人はあらゆる宗教を寛容に受け入れます。その広い心の源流をたどれば、はるか聖徳太子に行き着くのです。

聖徳太子は、宗教と政治における偉大な編集者でした。儒教によって社会制度の調停をはかり、仏教によって人心の内的不安の解消を実現する。すなわち社会の部分を儒教で、心の部分を仏教で、そして自然と人間の循環調停を神道が担う。三つの宗教がそれぞれ平和分担するという「和」の宗教国家構想を説いたのです。

日本人の「こころ」の柱となっているものは、神道と仏教と儒教です。そして、日本人の「こころ」を一文字で表現するならば、「和」以外にありません。日本とは、大いなる和の国、すなわち「大和」なのです。やはり、日本は一つ、日本の強さは団結力です。

矢作　昔から、ユーラシア経由で、世界から流れてきた各民族が行き着く極東の果てが古代日本でした。だから、各民族の部族長たちは、合議制共和制を世界で初めてやり、和を以《もっ》て貴《とうと》しとし、大和政権を創りました。

■日本には「祈る人」がいる

一条　二〇一二年二月十八日、矢作さんの職場である東大病院において天皇陛下の心臓の冠動脈バイパス手術が行われ、無事終了しました。そのとき、わたしはシンガポールに出張中でした。異国の地から手術の成功を祈っていましたが、安心いたしました。

手術当日、宮内庁京都事務所（京都市上京区）には約六〇〇人がお見舞いの記帳に訪れ、陛下のご快癒を祈ったそうです。同事務所での記帳受け付けは十七日から始まっており、二日間の記帳者は計約八〇〇人に上ったとか。多くの日本人が「祈る人」になったわけですが、じつは日本最大の「祈る人」とは天皇陛下ご自身です。

二〇一一年十月に亡くなられた心学研究家の小林正観氏が亡くなる直前に書

かれた著作にはすべて、天皇陛下についてのエピソードが登場します。たとえば、遺作である『淡々と生きる』（風雲舎）には、次のように書かれています。

天皇は、一月一日早朝に起きると、東西南北の四方に向かってお祈りをします。「今年もし日本に災いが起きるならば、まず私の身体を通してからにしてください」と。それを「四方拝」といい、毎年やっているそうです。別の人から聞いた情報では、歴代天皇がそう祈って、この世は続いてきた。天皇がそういうふうに言うことを、皇太子の時代から教え込まれる。皇太子だけ。「あとを継いだら、あなたは必ずそれを言うのですよ。日本国民を代表して、『まず私の身体を通してからにしてください』と言うのですよ」と教え込まれる。歴代の天皇は一月一日にそれを言ってきた。

この天皇陛下の言葉から、小林正観氏は「人間の魂というのはものすごいものだ」と教えられたそうです。そして、「ここまで崇高になることができる、日本にはとんでもない人がいた、そういう崇高なことを祈る人がいた」ことに驚愕したそうです。

小林氏は、いわゆる天皇崇拝者だったのでしょうか。いや、それは違います。『淡々と生きる』には、次のように書かれています。

私は天皇制度を礼賛する立場の人間ではありません。もともと全共闘ですから、天皇制度を否定する立場で生きてきました。でも、天皇がそういうひと言を元旦に言っている人であることを考えると、その災いを一身に受けきれなかったという思いがたぶんあるのだろうと思ったのです。その結果として、被災地の人々の前に膝をついて言った「大変でしたね」のひと言には、「申し訳ない」という気持ちが括弧《かっこ》でくくられている気がします。「自分の身体で受け止められなかった、申し訳なかった」という、四方拝での言葉の内容が見えるような気がします。そういう目で天皇の動きを見ていくと、申し訳なさがあると思います。

小林氏は四十年間、精神世界をはじめとした多くの世界の勉強をしてこられました。それで多少のことはわかっているつもりでいたけれど、天皇陛下の言葉に「そうか、やっとわかったかな……」というレベルに自分があることに気づいたそうです。

本当のことがわかっていなかった……そう思わされるほどのショックを受けたというのです。もはや自身の病気のことなど何の問題でもないと悟った小林正観氏は、穏やかな心のままで二〇一一年十月十二日に人生を卒業されました。

矢作　天皇陛下の日本国民に成り代わって御身を賭して息災を願われる御行為は誠にもってもったいないことです。日本の「祈る人」の頂点におられる天皇陛下に対して多くの日本人が心から「祈る人」になりました。

一条　わたしは、大震災から一周年目に行われた追悼式の様子をテレビで観ましたが、天皇陛下の表情には、たしかに「申し訳ない」という気持ちが表われているように思いました。

「自分のからだで受け止められなかった、申し訳なかった」という気持ちがこれ以上ないほど感じられて、わたしは泣けて仕方がありませんでした。

　なぜ、天皇陛下が世界史上にも例がないほど被災地や避難所の訪問を繰り返されたのか。ましてや、がんに冒され、心臓に病を患った方がそこまでされたのか。それは、その方こそが日本で一番の「祈る人」であり、「悼む人」だったからです。わたしは、そのことを思うと、本当に涙がとまりませんでした。

　ブッダ、イエスといった「人類の教師」とされた聖人にはじまって、ガンディー、マザー・テレサ、そしてダライ・ラマ十四世など、世界中の人々の幸福を祈り続けた人はたくさんいます。しかし、日本という国が生まれて以来、ずっと日本人の幸福を祈り続けている「祈る人」の一族があることを忘れてはなりませんね。

第3部

葬る

人はいかに送られるのか

第7章

葬儀という儀式に込められたもの

■母の晩年とその死が教えてくれたもの

一条　医療の現場では、いろいろと世間の常識を超えるような経験をされることがあるそうですね。

矢作　実際、現代の医学常識ではまず助からないだろうと思われる患者さんが蘇生したという事例は数多くありますし、わたし自身も経験しています。医師はそういうことを語らないだけです。医師のわたしが言うことではないのかもしれませんが、実際の医療現場ではわからないことだらけなんです。

一条　医学では解明できないのでしょうか。

矢作　生命とはわれわれ人間が考えるほど単純なものではありません。自然科学としての現代医学が生命や病気について解明できているのはほんのわずかです。患者さんやご家族の方は、医師に対して、生命やからだのプロフェッショナルと期待されていますが、医師というか、現代の医学が生命に対して知っていることなど、本当にごく限られたことなんです。

一条　現在では、さまざまな病気に対していろいろな治療が受けられますよね。

矢作　たしかにそうです。けがや急病では、わたしたちの西洋医療の甲斐がある場合もありますが、その後の治療の経過を左右するのは、医学の力というより、結局患者さんの元のからだの状態と心の持ちようだと思っています。わたしは患者さんに対し、事あるごとに「意欲」の大切さをお伝えしています。

医療はやがて今のような病気になった人を医療者が治療するというものから、自分が治ろうとする人の治癒力を引き出すものに変わっていくと思います。

一条　わたしたちも、常に死の現場にいます。故人もそうですが、遺族の方々の近くにいることが仕事です。

矢作　残された近親者の方々が、亡くなられた患者さんに現世で二度と会えなくなることに対して、嘆き悲しむ気持ちはよくわかるし同情もします。そして「力及ばずお気の毒な結果になって申し訳ありません」と申し上げています。

一条　わたしは、『愛する人を亡くした人へ』（現代書林）、『また会えるから』（佼成出版社）、『のこされたあなたへ』（佼成出版社）という本を書きました。そこで、愛する人を亡くした人に対して「あなたは、今は亡き愛する人に必ずまた会える」というメッセージを伝えてきました。

死別はたしかにつらく悲しい体験ですが、その別れは永遠のものではありません。愛する人には必ず再会できるのです。風や光や雨や雪や星として会える。夢で会える。あの世で会える。生まれ変わって会える。そして、月で会える……世の中には、いろいろな信仰があり、いろいろな物語があります。しかし、いずれにしても、必ず再会できるのです。

ですから、死別というのは時間差で旅行に出かけるようなものなのですね。先に逝く人は「では、お先に」と言い、あとから逝く人は「あとから逝くから、待っててね」と声をかけるのです。それだけのことなのです。

考えてみれば、世界中の言語における別れの挨拶には「また会いましょう」という再会の約束が込められています。日本語の「じゃあね」、中国語の「再見」もそうですし、英語の「See you again」もそうです。フランス語やドイツ語やその他の国の言葉でも同様です。これは、どういうことでしょうか。

古今東西の人間たちは、つらく、さびしい別れに直面するにあたって、再会の希望を持つことでそれに耐えてきたのかもしれません。でも、こういう見方もできないでしょうか。

二度と会えないという本当の別れなど存在せず、必ずまた再会できるという真理を人類は無意識のうちに知っていたのだと。その無意識が世界中の別れの挨拶に再会の約束を重ねさせたのだと。そう、別れても、わたしたちは必ず再会できるのです。

「また会えるから」を合言葉に、愛する人との再会の日を心から楽しみに生きてくださいと読者に訴えました。ここには、矢作さんと同じように「人は死なない」という気持ちを込めています。

矢作　母の晩年とその死は、わたしに深い啓示を与えてくれました。母の死の迎え方というのは、独居のわたしにとって理想的なものでした。亡くなる直前まで透徹した考えを述べ、背筋は伸び手の震えもなく、いわゆる「おばあちゃん」という感じがまったくありませんでした。誰の手を借りることもなくそっときれいに身罷《みまか》りました。最高に立派な最期を身をもって示してもらい、人として生きていくうえでこれ以上子どもにとって力強い励ましはありませんでした。自然に感謝の気持ちがわいてきました。

まず死を理解できるよう教えることが必要です。理解できて、人は死を受容できるんだと思います。わたしたち遺族は母の遺志を尊重し、遺体を葬儀社から移してわたしたち遺族だけでお別れの会をする手筈を整えてもらいました。母のお別れの会を取り仕切ってくれた葬儀社は、いちばん遺体の扱いがていねいで良心的と聞かされた葬儀社でした。

母はじつは三日間浴槽に水没していました。母の検視に立ち会ったのはわたしだけで、弟も含めて身内は誰も見ていません。変わり果てた母の顔を葬儀社のスタッフはさりげなく「（薄い布団生地の）白布で覆い、お棺の小窓には出さないようなかたちでよいですね」と気を遣ってくれました。この言い方が誠に絶妙でした。こちらがふと、遺体の御顔はどうなるのだろう、と心配しかけたまさにそのとき、こちらの心中を読み取ったかのごとくのタイミングで答えてくれました。仕事とはいえ言葉につくせない心配りに本当に痛み入りました。

一条　そういう心配りができたことは、同業者として本当にうれしいですね。

矢作　思えば、煩雑な諸手続きを代行し、傷んだ遺体に深い配慮をして奇麗に整えてくれた葬儀業者という専門家のおかげで、どれほど助かったか、感謝をしてもし足りません。本当に人は人に助けられていると思いました。ふだんわれわれが患者さんやご家族にこれほどの心配りができているだろうかと思わず反問させられました。

摂理に照らしてみると他界して自由になれた霊にとっては、亡骸《なきがら》はもう不要になった古着みたいなものだから、残された人がそれに執着する必要はないと頭ではわかっていても、ついこの間まで母が使っていた〝もの〟なので抜き難い愛着を感ぜずにはいられない、というのが偽らざる本心でした。したがって遺体への配慮は理屈でなく情として自然に出てくるものだと感じました。

わたしは一条さんの『愛する人を亡くした人へ』を読ませていただき、「葬儀とは『成仏』という儀式（物語）によって悲しみの時間を一時的に分断し、その物語の癒しによって、愛する人を亡くして欠けた世界を完全な状態にもどす」という記述に出会い、共感を覚えました。

一条　ありがとうございます。わたしたちの同業者の仕事を認めていただくとうれしいです。大切なご遺体を、単なるモノと見ることは絶対にありません。

結婚式もそうですが、葬式はそれ以上に真剣勝負です。手前味噌で恐縮ですが、わたしの会社の社員、とくに葬儀を担当している社員たちは言葉遣いもしっかりしているし、本当に礼儀正しいと思います。仕事によって鍛えられています。

矢作　医師も同じところがあります。

一条　もちろん同じだと思います。ただ、気になるのは医師の方がコンピュータのモニターを見ながら、「末期がんで、余命は……」などと、言われた相手（患者）がドキッとするようなことを説明されるときもありますよね。

矢作　そうですね。一応、患者さんへの話し方の心得などは教わるんですが……。医師も個々人の差がありますね。場数を重ねていることも重要だったりしますから。いずれにせよ、正解のない対応を迫られることだとは思います。

一条　医師の方々にとっても、真剣勝負であることは同じですよね。

■自分の葬儀を想像する

矢作　三十年近く前ですが、わたしは循環器専門病院に勤務していました。当時のわたしは、循環器病の積極的な治療をモットーとするその病院の職員として、あらゆる可能性を探って治療をしようと意気込んでいました。そのころから、「死は敗北である」とは思っていませんでしたが、他の病院で治療が困難ということでその病院に来られた患者さんや家族の方々の意を汲み、ぎりぎりいっぱいまで治療を頑張っていました。

ところがある患者さんが、一度良くなったあとに再び悪化し、打つ手がなくなるという状態になってしまいました。その患者さんは二十代の女性でした。やっとの思いで良くなった矢先の急変、わたしは厳しい説明を医師としてご両親にしなければなりません。最終宣告となるわたしの話をご両親はだまって聞いておられました。そして、彼女の父親は「これまで十分に治療をしていただきまして誠にありがとうございました。娘の気持ちを考えまして、もうこれ以上の治療はけっこうです」ときっぱり言われました。その横で母親も無言のまま静かにうなずかれていました。

二人の顔は愛娘を襲った不治の病により寿命が来たことを悟ったようでし

た。まさに「足るを知る」ということをわきまえている立派な態度に深く感動しました。

一条　高齢者の中には「死ぬのが怖い」という人もいますが、死への不安を抱えて生きることこそ一番の不幸です。不安を解消するには、自分自身の理想の葬儀を今、具体的に思い描くことが大切だと思います。

矢作　自分の葬式をイメージすることで死が怖くなくなる？

一条　はい。それは、その本人がこれからの人生を幸せに生きていくための魔法です。わたしは講演会などで「ぜひ、自分の葬儀をイメージしてみてください」といつも言います。

矢作　自分の葬儀を具体的にイメージするとは、どういうことですか？

一条　葬儀に参列してくれる人々の顔ぶれを想像するといいでしょう。親戚や友人のうち誰が参列してくれるのか。そのとき参列者は自分のことをどう語るのか。理想の葬儀を思い描けば、今生きているときにすべきことがわかります。参列してほしい人とは日ごろから連絡を取り合い、付き合いのある人には感謝することです。友人や会社の上司や同僚が弔辞を読む場面を想像することを提案するのです。そして、「その弔辞の内容を具体的に想像してください。そこには、あなたがどのように世のため人のために生きてきたかが克明に述べられているはずです」と言います。

そして、みんなが「惜しい人を亡くした」と心から悲しんでくれて、配偶者からは「最高の連れ合いだった。あの世でも夫婦になりたい」と言われ、子どもたちからは「心から尊敬していました」と言われる。自分の葬儀の場面というのは、「このような人生を歩みたい」というイメージを凝縮して視覚化したものなのです。そのイメージを現実のものにするには、その本人は残りの人生を、そのイメージ通りに生きざるをえないのです。これは、まさに「死」から「生」へのフィードバックではないでしょうか。

よく言われる「死を見つめてこそ生が輝く」とは、そういうことだと思います。人生最後のセレモニーである「お葬式」を考えることは、その人の人生の幕引きをどうするのか、という本当に大切な問題です。

「太陽と死は直視できない」と言ったのは箴言家《しんげん》のラ・ロシュフーコーですが、自分の葬儀を考えることで、人は死を見つめ、生の大切さを思うのではないでしょうか。生まれれば死ぬのが人生です。死は人生の総決算。葬儀の想像とは、死を直視して覚悟することです。覚悟してしまえば、生きている実感がわき、心も豊かになります。

矢作　従来病院は、診断治療により元の状態にもどりたい、助かりたいという思いで来られる方々がほとんどなので、病気やけがのその後（転機）の可能性の話をするときに、死んだ後の葬儀までを一気通貫《いっきつうかん》で話す習慣がありませんでした。ただ、以前より〝死に顔〟をきれいにするよう心がけてきた面はありましたが……。もし患者さんやご家族が葬儀という中で、死に顔や全身の姿を意識するなら、ご本人の心持ちと共に、安らかな死を、より意識した医療を提供するように、医療者も目標がより明らかになってよいと思います。

死は門出であり、亡くなる方は一様に現世を卒業される方々です。若い人もいれば、かなりの高齢者もいます。年齢こそバラバラですが、彼らの共通項は「現世の卒業生」という事実です。卒業生には敬意を払うべきでしょう。

それを不幸だと考えるのは、まだお迎えが来ず、現世を卒業できずに残っている人の思い込みにすぎません。死が不幸だと考える人は、死者の冥福を祈ることができない人ですから、わたしはそれこそ不幸だと思います。

■團十郎の葬儀に思う

一条　ところで、わたしは仕事がら、できるだけ有名人の葬儀には参列するようにしているんですよ。

矢作　そういうこともされているんですね。

一条　二〇一三年二月三日に、六十六歳で亡くなられた市川團十郎さんの本葬が東京都港区の青山葬儀所で営まれました。歌舞伎界を中心に関係者やファン約二五〇〇人が参列されたそうです。わたしもぜひ参列したかったのですが、当日は会社の大事な会議があり、叶いませんでした。

矢作　葬儀の模様は、テレビで中継していましたね。

一条　葬儀はテレビのニュースで観ました。喪主で長男の市川海老蔵さんは、亡き父がパソコンに残した辞世の句「色は空　空は色との　時なき世へ」を読み上げ、「父が自分の最期を悟っていたのを気づかずに大変申し訳なく、情けない思いがしました」と声を震わせました。團十郎さんの生前最後の言葉は、「みんなありがとう」だったそうです。

矢作　家族に看取られながら、旅立たれたんですね。

一条　海老蔵さんは、「父は皆様に感謝する心をとても大切にする人でした。そんな父に成り代わりまして一言、言わせてください。皆様、本日は本当にありがとうございました」と深々と頭を下げました。

わたしはそれを見て、「素晴らしい挨拶だなあ」と感銘を受けました。そして、「海老蔵は、やっぱり千両役者だ！」とあらためて思いました。

矢作　歌舞伎は、世界に誇る日本独自の演劇です。

一条　もともと世界の各地で、演劇の発生は葬儀と深く関わっています。葬儀とは、世界創造神話を再現したものだと言われます。一人の人間が死ぬことによって、世界の一部が欠ける。その不完全になった世界を完全な世界に修復する役割が葬儀にはあります。

矢作　エネルギー体がこの世から消えるわけですからね。

一条　演劇とは、王の死の葬送行事として生まれたという説もあります。

わたしは團十郎さんの葬儀をテレビで観ながら、日本人の「こころ」が見事に表現されているなと思いました。

矢作　日本人の「こころ」ですか？　ぜひ教えてください。

一条　日本人の「こころ」の三本柱といえば、神道・仏教・儒教です。

矢作　たしかにそうですね。この三つの宗教が、日本人のこころ、生活習慣に根差していることを、わたしも常々感じています。

一条　團十郎さんの葬儀は神葬祭、つまり神道式で執り行われました。

矢作　仏教式ではなかったのですね。

一条　葬儀は神道式で、海老蔵さんの挨拶は、まさに儒教の精神に満ちていました。海老蔵さんは「わたしにとりまして、父であり師匠であってかけがえのない存在を亡くしてしまいましたが、父からいただいたこのからだ、三十五年かけて伝えてくれた歌舞伎の精神、これを一生かけてこの道で精進したい」と亡き父に誓いましたが、これは儒教の「孝」の思想そのものです。つまり、大いなる「生命の連続」の思想です。

矢作　たしかにあの挨拶は儒教精神——孝行や感謝、さらには仁にも通じていますね。

一条　そして、團十郎さんの辞世の句は、仏教の思想の核心となるメッセージでした。

矢作　「色は空　空は色との　時なき世へ」

一条　素晴らしい辞世の句だと思います。

パソコンに残っていた句を本人の了解なしに「辞世の句」として発表していいのかという問題はありますが、わたしは感動をおぼえました。

わたしは常々「死生観とは究極の教養である」と思っているのですが、天下の歌舞伎役者・市川團十郎は最高の教養人でした。

じつは、拙著『世界をつくった八大聖人』が二〇〇八年四月にPHP新書として刊行されたとき、同時刊行されたのが市川團十郎（十二代目）著『團十郎の歌舞伎案内』でした。

團十郎さんの『歌舞伎案内』はPHP新書の通しナンバーで五一九番、わたしの『八大聖人』は五二〇番と続いています。この五二〇番という数字は、五月二十日というわたしの結婚記念日と重なっていたので、強く印象に残っています。

矢作　一条さんは本についてさまざまな縁をお持ちなんですね。わたしも自著の縁を探してみたくなりました。

一条　矢作さんは対談本を多く出されているというのが、まさに袖振り合った縁を大いに生かしていらっしゃるということじゃないですか。

「色は空　空は色との　時なき世へ」

これは、明らかに「般若心経」に出てくる「色即是空空即是色《しきそくぜくうくうそくぜしき》」から作られた句でしょう。

矢作　そうですね。たしかに仏教からきていますね。

一条　「色即是空空即是色」とは、この世にあるすべてのものは因と縁によって存在しており、その本質は「空」であることを示しています。また、その空がそのままこの世に存在するすべてのものの姿であるということも同時に示しているわけです。

矢作　「空」とは、ヒンドゥーで言うところの「普遍意識」のありようと同じことを述べていると理解しています。

一条　「空」というコンセプトは、ブッダ自らが示した考え方だとされています。大乗とか上座部とかを超えた仏教の根幹となる思想と言ってよいでしょう。「空」とは、「からっぽ」とか「無」ということではなく、平たく言えば、「こだわるな」という意味です。この「空」の論理こそは、仏教の最重要論理であると、わたしは思います。

矢作　「色」はどうでしょうか。一条さんの見解をお聞きしたい。

一条　これは、「目に見えるもの」をブッダ流に表現した言葉でしょう。

矢作　色がついていれば、たしかにどんなものでも見えますよね。

一条　空気は色がないので見えませんね。ブッダは見える世界を「色」と呼び、見えない世界を「空」と呼んだのです。

矢作　見える世界と見えない世界というのは、じつは同じです。これがわたしの永遠のテーマです。なぜなら、見える世界は見えない世界によってできているからです。原子などは、その最も良い例ですね。この世界は、見えない原子、さらにそれを構成する粒子によって成り立っているのですから。個々の粒子の量子性は、空間的には宇宙全体へ、時間的には過去や未来へと広がる非局在性を持っています。

さらに場の量子論の超弦理論の世界を考えてみます。高次元までをふくめたすべての世界の実相が、雲のように存在が自在であると理解しています。これを「空」と考えます。ほかの言葉では「神」「普遍意識」「大いなるもの」「大宇宙」などと呼ばれるものです。そしてエネルギーの質の粗いこの三次元世界は見かけ上、かたちのある物質世界で、この世界が「色」です。この世界もあくまでも高次元の世界とつながったものです。

一条　これはなかなか抽象的でむずかしい考えなので、ブッダは色のある見える世界を「色」と表現し、色のない見えない世界を「空」と表現したのでしょう。今さらながらに卓越した表現センスであると思います。

■もう一つの「シキ」とは？

一条　わたしは、「色」に加えて、見えない世界を目に見せてくれるものがもう一つあると思っています。

矢作　それはどういう意味ですか。

一条　「色」は「シキ」と読みますが、もう一つの「シキ」ということです。

矢作　もう一つのシキですか。なんだかクイズのようですね。

一条　それは「式」、つまり儀式のこと、さらには冠婚葬祭のことです。

矢作　なるほど。そうですね。儀式にすることで、色はかたちのある見えるものになるということですか。

一条　二〇一三年の一月、わずか一週間の間に義父の葬儀と長女の成人式がありました。非常にあわただしい中にも、わたしは「家族の絆」を強く感じました。また、家族以外の方々とのご縁も強く感じました。心からの感謝の念を抱いた日々でした。そして、思ったのです。冠婚葬祭とは、目に見えない「縁」と「絆」を可視化するものなのだ、と。

義父の葬儀と長女の成人式を終えたあとで、「目に見えぬ縁と絆を目に見せる素晴らしきかな冠婚葬祭」という短歌を詠みましたが、本当に心の底からそう思います。

矢作　團十郎さんを取り巻く縁と絆が、葬儀で見事に可視化されたということですね。

一条　そうです。「色即是空空即是色」にならえば、「式即是空空即是式」です。

■辞世の歌や句を残す習慣

一条　わたしは「庸軒」の雅号で短歌を詠んでいますが、日本人は辞世の歌や句を詠むことによって、「死」と「詩」を結びつけました。

死に際して詩歌を詠むとは、おのれの死を単なる生物学上の死に終わらせず、形而上の死に高めようというロマンティシズムの表れではないでしょうか。

矢作　これも言霊ですね。

一条　「死」と「志」も深く結びついていました。死を意識し覚悟して、初めて人はおのれの生きる意味を知ります。

坂本龍馬に「世に生を得るは事を成すにあり」という句がありますね。あの龍馬の句こそは、死と志の関係を解き明かした言葉に他なりません。

『葉隠《はがくれ》』には「武士道といふは死ぬ事と見つけたり」という句があります。これは、武士道とは死の道徳であるというような単純な意味ではありません。武士としての理想の生をいかにして実現するかを追求した、生の哲学の箴言です。

このように、もともと日本人の精神世界において「死」と「詩」と「志」は不可分の関係にあったのです。「辞世の歌」とは、それらが一体となって紡《つむ》ぎ出された偉大な人生文学であると思います。

わたしは、常に「なぜ人間は儀式を必要とするのか」と考え続けています。團十郎さんの辞世の句から、その答えが見えてきたような気がしました。

矢作　日本人は死を意識して生活していたので、死に臨んで普段から心に思っていた大切なことを「辞世の句」として残す習慣があったとわたしも思います。自分の考え、気持ちを短い歌に凝縮させる文化が七〜八世紀にできた万葉集にすでに見られ、以後連綿と続いてきました。

■「おくりびと」の本当の意味

一条　葬儀は人間の幸福と深く関わっています。

アカデミー賞外国語映画賞を受賞した「おくりびと」が話題になりましたね。映画のヒットによって「おくりびと」という言葉が納棺師や葬儀社のスタッフを意味すると思い込んだ人が多いようです。しかし、「おくりびと」の本当の意味は、葬儀に参加する参列者のことです。人は誰でも「おくりびと」、そして最後は、「おくられびと」になります。

一人でも多くの「おくりびと」を得ることが、その人の人間関係の豊かさを示すように思います。

わたしは、日々いろいろな葬儀に立ち会います。中には参列者が一人もいないという孤独な葬儀も存在します。そんな葬儀を見ると、わたしは本当に故人が気の毒で仕方がありません。亡くなられた方には家族もいたでしょうし、友人や仕事仲間もいたことでしょう。なのに、どうしてこの人は一人で旅立たなければならないのかと思うのです。

もちろん死ぬときは、誰だって一人で死んでゆきます。でも、誰にも見送られずに一人で旅立つのは、あまりにも寂しいではありませんか。故人のことを誰も記憶しなかったとしたら、その人は最初からこの世に存在しなかったのと同じではないでしょうか？

「ヒト」は生物です。「人間」は社会的存在です。「ヒト」は、他者から送られて、そして他者から記憶されて、初めて「人間」になるのではないかと、わたしは思います。

わが社は、「冠婚葬祭を通じて良い人間関係づくりのお手伝いをする」というミッションを掲げています。ですから、参列者がゼロなどという葬儀など、この世からなくしてしまいたいと考えています。それもあって、「隣人祭り」という地域の食事会のお世話もさせていただいています。

作法　隣人祭り？

矢一条　フランスで誕生した市民運動です。一人暮らしのお年寄りなどが参加します。隣人祭りは、生きている間の豊かな人間関係に最大の効果をもたらします。また、人生最後の祭りである「葬祭」にも大きな影響を与えます。隣人祭りで知人や友人が増えれば、当然ながら葬儀のときに見送ってくれる人が多くなるからです。

人間はみな平等です。そして、死は最大の平等です。その人がこの世に存在したということを誰かが憶えておいてあげなくてはなりません。親族がいなくて血縁が絶えた人ならば、地縁のある地域の隣人が憶えておいてあげればいいと思います。

わたしは、参列者のいない孤独葬などのお世話をさせていただくとき、いつも「もし誰も故人を憶えておく人がいないのなら、われわれが憶えておこうよ」と葬祭スタッフに呼びかけます。ほんとうは同じ土地や町内で暮らして生前親交のあった近所の方々が故人を思い出してあげるのがよいと思います。そうすれば、故人はどんなにか喜んでくれることでしょう。

矢作　孤独葬でのお世話は、ほんとうに素晴らしいですね。われわれの救急医療現場では無縁で亡くなった場合、自治体の福祉の方々にあとを頼んでいます。その後、一条さんのような葬儀の専門家によって鎮魂されているのですね。

■問題は人が死ぬことではなく、どう弔うかにある

一条　大田俊寛氏という若き宗教学者がいます。彼は著書『オウム真理教の精神史』（春秋社）で次のように書いています。

人間は生死を超えた「つながり」のなかに存在するため、ある人間が死んだとしても、それですべてが終わったわけではない。彼の死を看取る者たちは、意識的にせよ無意識的にせよ、そのことを感じ取る。人間が、死者の肉体をただの「ゴミ」として廃棄することができないのはそのためである。生者たちは、死者の遺体を何らかの形で保存し、死の事実を記録・記念するとともに、その生の継続を証し立てようとする。そしてそのために、人間の文化にとって不可欠である「葬儀」や「墓」の存在が要請される。そこにおいて死者は、「魂」や「霊」といった存在として、なおも生き続けると考えられるのである。

大田氏は、自身のＨＰにおいて、次のような非常に考えさせられるコメントをわたしに寄せてくださいました。

伝統仏教諸宗派が方向性を見失い、また、一部の悪徳葬祭業が「ぼったくり」を行っていることは、否定できない事実だと思います。しかしだからといって、「葬式は要らない」という短絡的な結論に飛びついてしまえば、そこには、ナチズムの強制収容所やオウム真理教で行われていた、「死体の焼却処理」という惨劇が待ちかまえているのです。社会のあり方全体を見つめ直し、人々が納得のいく弔いのあり方を考案することこそが、私たちの課題なのだと思います。とても難しいことですが。

わたしは、この大田氏の意見に大賛成です。火葬の場合なら、遺体とはあくまで「茶毘《だび》」に付されるものであり、最期の儀式なき「焼却処理」など許されないことです。よく知られているように、麻原が説法において好んで繰り返した言葉は、「人は死ぬ、必ず死ぬ、絶対死ぬ、死は避けられない」という文句でした。これについて、大田氏は「オウムは、人々に剝き出しの死の事実を突きつけることによって多くの信者を獲得したが、その活動において結局は、死にまつわる数々の幻想を弄ぶことに終始し、人の死をどのようにして弔うかという、古くかつ新しい問いに対して、適切な回答を見つけることはできなかった」と述べています。

言うまでもないことですが、人が死ぬのは当たり前です。矢作さんに言わせれば「人は死なない」ですけれど（笑）。「必ず死ぬ」とか「絶対死ぬ」とか「死は避けられない」などと、ことさら言う必要などありません。まったく馬鹿げています。問題は、人が死ぬことではなく、死者をどのように弔うかということなのです。

矢作　まったくその通りだと思います。その人の最期を心を込めて送る、そこが肝要です。先ほども触れましたが、わたしの母が亡くなったとき、他界して自由になれた霊にとっては、亡骸はもう不要になった古着みたいなもの、残された人がそれに執着する必要はないと頭ではわかっていても、ついこの間まで母が使っていた〝もの〟なので、抜き難い愛着を感ぜずにはいられない、というのが偽らざる本心でした。したがって遺体への配慮は理屈でなく情として自然に出てくるものだと感じました。

検視のために来ていた警察の人たちが母の住んでいたアパートから引きあげたあとに、箪笥《たんす》の上に置かれた父の遺影の前に母が生前決してはずすことのなかった結婚指輪と「葉書で連絡してください」という紙片を上にはさんだ葉書の束が置かれてあるのに気づきました。それは親族とわたしも以前から見知っていた母の親しい知人たちからの年賀状でした。母の遺志を理解したので、葬儀場に遺体を移し、わたしたちだけで「お別れ会」とすることで手はずを整えてもらいました。ささやかでも何らかのかたちを取ろうと自然に思いました。

やはり議論するときには現場感というか、机上で考えるだけではなく、直面した状況に即して考えることが大切だと思いました。

第8章

人は葬儀をするサルである

人はなぜ葬儀をするのか

一条　わたしの永遠のテーマは「人はなぜ葬儀をするのか」なんですが、死者の供養をしたほうが生存する確率が高いという説を唱えたのが、イギリスの人類学者エドワード・バーネット・タイラーです。宗教の起源に関してアニミズムを提唱したことで知られるタイラーは「人類学の父」と呼ばれました。

タイラーは、祖先を信仰する人々の行動が集団の生存につながったのではないかと考えました。約七万年前にネアンデルタール人が死者に花を手向けたようですが、同じく、わたしたちの直接の祖先とされるクロマニョン人、そしてホモ・サピエンスも死者の埋葬を行いました。しかし、すべての者が死者を埋葬したわけではなく、おそらくは埋葬した集団と埋葬しなかった集団がありました。そして、歴史の結果として埋葬の習慣を持っていた集団の子孫だけが生き残ったというのです。

矢作　種の問題ではなく、集団の違いということですね。

一条　はい。初期の人類は、豊穣、健康、狩猟の成功、戦争での勝利などを必要としましたが、それらはすべて祖先が霊界から与えてくれるものでした。子孫は、それらを与えられる代わりに、祖先に対する祈りや崇拝を発達させたのです。もちろん、食物などを寄進するという考えも生み出されました。人間は高価な贈り物とともに祈りを祖先に捧げ、祖先はお返しに豊作や狩猟の成功、戦争での勝利などを与えてくれたわけです。

矢作　自由に高いところ（高次元）とつながることができたのは、たしかに生存の基本だと思います。

一条　タイラーによれば、古代人は夢、とりわけ夢の中で死んだ親族と会うことに深い意味づけをしたとのことです。古代人の心と現代人の心は、いろいろな意味で違うと思いますが、夢を見ることは共通していると思います。

祖先すなわち死者と会う方法を考えた場合、「夢で会う」というのが、一番わかりやすいのではないでしょうか。

矢作　霊の存在を考えるとき、「夢」というのが実感を持って受け入れられると思いますよね。

一条　たとえ、いくら愛する人でも、幽霊になって会いに来られたとしたら、やはり怖いですよね（笑）。でも、死者の立場からすると、せっかく愛する人に会いに来たのに怖がられては傷つきます。そこで、夢の中で会うというお互いにとってベストな方法が取られることが多いように思います。

矢作　夢は誰でも見ることができます。夢を否定することはできませんし、逆に霊の存在を証明することもできません。

一条　人間が夢を見る理由について、これまでいろいろと研究されてきましたが、まだ決定的な理由はわかっていないようです。わたしは、「死者に会うため」というのが夢を見る最大の目的ではないかと思います。

矢作　先ほども言いましたが、本来、自然科学の目的は観察対象がどのようにして起こっているかを明らかにすることだったはずです。それがいつの間にか、なぜ起こっているかを問わなくなった。この「なぜ」を問うことは、形而上学の役割でした。

　科学はその守備範囲を「解けるもの」に限定してしまったのです。実際に起こっている現象、それが科学で解けないなら「起こっていないことにする」というのではなかったはずです。

■葬儀は何のためにあるのか

一条　では、お葬式は何のためにあるのか。一般にお葬式には、社会的な処理、遺体の処理、霊魂の処理、悲しみの処理の四つの役割があるとされています。「社会的な処理」については、われわれはみんな社会の一員であり、一人で生きているわけではありません。その社会から消えていくのですから、死の通知が必要です。社会の人々も告別を望み、その方法がお葬式です。もともと人間の死には、生理的な死と社会的な死の二つがあり、その二つが組み合わさって初めて一つの死が完成するのです。生理的な死は病院が、社会的な死は葬祭業者が担当します。

矢作　わかりやすいですね。

一条　「遺体の処理」については、生命を失ったからだを放置できないという厳然たる事実があります。人間は呼吸と心臓が停止した瞬間から遺体となり、たちまち腐敗していきます。旧石器時代においてすら、すでに遺体に対して何らかの措置がなされた形跡が見られることからいっても、土の中に埋めるとか、火で燃やすとかの遺体の処置は人類の発生とともにはじまったとされていま す。最近はもっと踏み込んだことも考えられていて、弔った人類、あるいは種族だけが生き残ってきたと思います。

矢作　先ほど言われていた、死者から生存のための情報を入手し、さまざまな恩恵を受けていたという話ですね。

一条　「霊魂の処理」については、お葬式が死者を生者の世界から分離し、新しい世界に再生させるための通過儀礼であるということです。これが古今東西のお葬式に宗教が関わるようになったゆえんです。死者の霊魂をどのような手段で新しい世界に送り込むのか、死者の霊魂をどのように受けとめ、どんな態度で臨むかということです。すなわち、お葬式とは霊魂のコントロール技術であるといえます。

矢作　霊魂のコントロールというのはとても面白い考え方だと思います。葬儀というかたちの中でそこに関わる方々の思いを集中させることで、たしかに霊魂にその思いが伝わり安心して他界していかれることでしょう。

一条　わたしも、基本的に霊魂の存在を信じています。通夜でロウソクの灯が不自然に揺れることは珍しくないですし、葬儀ではいろいろなかたちでそういう現実を見ることがあります。葬儀のときに、死んだはずのおばあちゃんが「あそこにいるよ」と、幼い子どもたちが騒いだこともありました。

矢作　医療現場よりも、そうした経験がいろいろおありでしょう。

一条　「悲しみの処理」は、生者のためのものです。残された人々の深い悲しみや愛情の念を、どのように癒していくかという処理法のことです。

矢作　グリーフケアですね。

一条　そうです。お通夜、お葬式、その後の法要などの一連の行事が、遺族にあきらめと決別をもたらしてくれます。仏式による葬儀や法事の内容は、じつはブッダの生涯をなぞったものなんです。臨終の直後に枕経を読んでもらう。戒名をつけてもらう。通夜をして、納棺、告別式、荼毘、法要そして納骨と進む仏式の一連の儀式は、じつは死者が出家して悟りを求めて修行の旅に出るスタイルになっています。

■霊安室が持つ機能

一条　さらに、葬儀の意味について考えたいと思います。

愛する者を失った遺族の心は不安定に揺れ動いています。そこに儀礼というしっかりしたかたちのあるものを押し当てると、「不安」をも癒すことができます。

親しい人間が消えていくことによる、これからの生活における不安。その人がいた場所がぽっかりあいてしまい、それをどうやって埋めたらよいのかといった不安。残された者は、このような不安を抱えて数日間を過ごさなければなりません。心が動揺していて矛盾を抱えているとき、この心に儀式のようなきちんとまとまった「かたち」を与えないと、人間の心はいつまでたっても不安や執着を抱えることになります。これは非常に危険なことなのです。人間はどんどん死んでいきます。この危険な時期を乗り越えるためには、動揺して不安を抱え込んでいる心に一つの「かたち」を与えることが大事であり、ここに葬儀の最大の意味があるのです。

　では、この「かたち」がどのようにできているかというと、昔のお葬式を見てもわかるように、死者がこの世から離れていくことをくっきりとした「ドラマ」にして見せることによって、動揺している人間の心に安定を与えるのです。ドラマによって「かたち」が与えられると、心はそのかたちに収まっていき、どんな悲しいことでも乗り越えていけます。

　つまり、「物語」というものがあれば、人間の心はある程度、安定するものなのです。逆にどんな物語にも収まらないような不安を抱えていると、心はいつもグラグラ揺れ動いて、愛する肉親の死をいつまでも引きずっていかなければなりません。

矢作　わたしはグリーフケアの必要性は感じていますが、遺族の覚悟というか、どういうかたちで愛する人の死を迎えるかが重要になると伺っています。わたしの場合親を亡くしたときに、すぐに受容はできました。喪失感はありましたが。そして故人の遺志に添ったかたちで送り出しました。

一条　でも現実として、喪失感などからうつになる方も多いです。うつになる最大のきっかけは、配偶者の死だそうです。わたしどもは、その最大の危機の瞬間に立ち会うわけです。

矢作　業務の代行をしてくれることで、かたちの中でエネルギーを吸収してくれるというのを母の葬儀で感じました。淡々と流れていく中で、やりとりの中で気がつくことが大きい。

一条　遺族の方の中には、お棺に取りすがる方もいます。でも一旦引き離すことが大切なんです。それも、わたしたちの仕事です。

　多くの人は、愛する人を亡くした悲しみのあまり、自分の心の内に引きこもろうとします。誰にも会いたくありません。何もしたくありませんし、一言もしゃべりたくありません。ただ、ひたすら泣いていたいのです。

　でも、そのまま数日が経過すれば、どうなるでしょうか。残された人は、本当に人前に出られなくなってしまいます。誰とも会えなくなってしまいます。

　葬儀は、いかに悲しみのどん底にあろうとも、その人を人前に連れ出します。引きこもろうとする強い力を、さらに強い力で引っ張り出すのです。葬儀の席では、参列者に挨拶をしたり、お礼の言葉を述べなければなりません。

それが、残された人を「この世」に引き戻す大きな力となっているのです。

矢作　霊安室というのはうまくできていて、同じ効果があると思いますね。患者さんの中には、交通事故などで、突然亡くなった方もいます。霊安室の中で、家族の方と話すことで、家族は死を受け入れます。現実を受け入れられず、なかったことにしようとしている気持ちを無理やり動かしているわけです。そこで止まっていたら大変ですから。粛々とやることが重要なんです。

中には病院から出るまで見守りたいと夜通し付き添う方々もいました。そういうときには、わたしも「遺体の血はもう固まらないから、鼻や口から流れ出る血はそこに布や綿をいくら押し込んでも止められないので一晩出っぱなしにするしかないのですよ」というようなことをお伝えしながら付き合うこともありました。

一条　霊安室といえば、つい最近、台湾に行ってきたのですが、台湾大学付属病院の霊安室を見学しました。

台湾では道教信仰が強いため、火葬や葬儀、埋葬や納骨の日にちは陰陽五行説によって決定されます。通常は死後二〜三週間以内に葬儀が行われますが、場合によっては半年～一年後ということもあるそうです。また、道教式では陰暦七月の葬儀は避けるそうですが、暑い時期なのに大変ですね。仏教式には、このようなタブーはありません。しかし、死後八時間は遺体を動かさずに読経し続けなければなりません。そのため、これまで病院で亡くなる場合には、臨終が迫った病人に呼吸器をつけて家まで運ぶか、遺体となってからすぐに運ぶかの選択を迫られていました。

でも最近では、病院側が多額の費用をかけて、死後に読経ができる往生室が設置されています。今回、実際に視察した国立の台湾大学付属病院の霊安室は二八〇坪もの広さがあり、往生室は仏教徒向けに八時間まで使用することができるということでした。

そこには、人間は死亡しても八時間は耳も聞こえるし、匂いもわかるという考え方があります。目は見えなくとも、読経の音と、香の匂いに魂は導かれるということでした。わたしは、それを聞いて、『チベットの死者の書』やシュタイナーの思想そのままだなと思いました。そのような考え方にもとづいて、国立大学病院の地下に遺体を供養する部屋が設置されているということに静かな感動をおぼえました。

矢作　なるほど、同じ国立大学でも、台湾と日本ではずいぶん違いますね。日本も、そうなればいいですね。

一条　矢作さんの「人は死なない」というメッセージこそ、究極のグリーフケアではないでしょうか。あの本を読んで、わたしはそう思いました。

死者が遠くへ離れていくことをどうやって演出するかということが、お葬式の重要なポイントです。それをドラマ化して、物語とするためにお葬式というものはあるのです。

日本のお葬式のじつに八割以上を占める仏式葬儀は、「成仏の思想」という物語に支えられてきました。これは、日本人の昔からの死後の観念と仏教がミックスされたものです。つまり、日本人は霊魂と肉体は分離しており、肉体は滅びても霊魂は不滅だと考えてきたのです。そして、死者は霊魂になって、村を囲む山々などの「あの世」に住むと信じていました。仏教が伝来してからは、仏教はその日本古来の考え方をなぞるようにして、死者も僧侶のように出家すれば「仏」になって、西方浄土に永遠に住むことができると教えたのです。
以来、日本人の多くは「あの世」とは仏教の浄土のことであり、「戒名」という名のパスポートをしっかり握りしめて浄土へと旅することになったのです。

矢作　古来、日本人は、死後、霊が肉体から離れて他界に生き続けていると信じていましたから。

■葬儀が自由でいい理由

一条　最近、自由な発想で故人を送りたいという人々が増えています。今は従来の告別式が改革の対象になって「お別れ会」などが定着しつつありますが、やがて通夜や葬儀式にも目が向けられ、個人の自己表現や自己実現が図られていくに違いありません。

矢作　最近は、葬儀もいろいろ変わってきたと聞いています。

一条　新しい「葬」のスタイルといえば、まず自然葬を思い浮かべる人が多いでしょう。これは、火葬後の遺灰を海や山にまくという散骨のことです。

散骨は別に新しいものでも何でもなく、古代からありました。仏教の影響で火葬がはじまると、九世紀に淳和《じゅんな》天皇などは遺体を火葬にし、墓をつくらず、遺灰は林野にまいてほしいと遺言しました。その理由として、「人は死ねば魂は天に昇ってしまうのに、墓などつくるから鬼物がとり憑いて、いつまでも祟《たた》るのだ」と言っています。臣下からは「上古より山陵をつくらないというのは聞いたことがない。臣下はどこを拝んだらよいのか」と嘆く声も出ましたが、結局、遺骨を粉に砕いて大原野西山嶺上にまき、天皇の希望はかなえられました。

中世では浄土真宗の祖、親鸞が墓をつくらず、「賀茂川の魚に与えよ」と遺言しました。また中世まで、庶民は遺体を林野などに放棄するのが慣例で、墓をつくるようになったのは檀家制度が普及した江戸中期からのことにすぎません。

明治前期までは、一体ごとに埋葬する土葬が多かったせいか、個人の戒名を刻む個人墓が主でした。しかし、明治三十年の伝染病予防法によって火葬が広まり、一つの墓に何人も家族の骨を納める家族墓が一般化したのです。

海外における代表的な散骨の例を見ると、マルクスの盟友エンゲルス、独立インドの初代首相ネール、中華人民共和国初代首相の周恩来、俳優のジャン・ギャバン、歌手のマリア・カラスなどが、それぞれ遺言により海、川、林野などに遺灰をまかれました。

日本で散骨が注目されたのは一九九一年のことです。石原慎太郎氏が「弟裕次郎（一九八七年没）の遺灰を好きな海に」と希望しましたが、当時の墓地埋葬法では許されないと知って断念し、海上での追悼会に切り換えました（注・一九九一年に法務省から「節度をもって行われる限りは問題ない」との見解が出され、その後、一部を散骨）。

矢作　ニュースになったのを記憶しています。

一条　同じ年には「葬送の自由をすすめる会」が結成され、神奈川県三崎港から一二カイリ離れた相模灘海上で散骨が行われました。二時間ヨットに乗って一二カイリに到着すると、参列者たちは花輪に遺灰を入れた袋をつないで、それぞれが別れの言葉をかけて、船べりから静かに海へと流したのです。花の葬列を見送りながら清酒とワインも流し、一分間の黙禱を行って式を終えました。そして、遺灰を流した地点と日時を記した「自然葬証明書」が手渡されるのです。この葬法は、現在では一般に「海洋葬」と呼ばれています。

この「葬送の自由をすすめる会」の会長は、宗教学者の島田裕巳氏が務められています。島田氏は『葬式は、要らない』（幻冬舎新書）という本の著者ですが、自然葬の会長になったということは、「葬式は、要らない」とは考えていないということになりますね。

矢作　海洋葬があれば、「山葬」というのもほしいですね。

一条　「海洋葬」と同じく自然葬で最近よく耳にするものに「樹木葬」があります。一九九九年に岩手県一関市の祥雲寺（現在は知勝院が行っている）が日本で初めて行いました。

ルーツはイギリスです。ロンドン市営の霊園と火葬場が併設される施設に、「メモリアル・ガーデン」と称する一区画があります。火葬率が七割強とキリスト教国の中でも高いイギリスですが、火葬後の遺灰の葬り方には、土の下の納骨堂に埋蔵する、墓石のあるお墓に埋める、広々とした墓地内の芝生に散骨する、あるいは雑木林の中に墓石を建てないで遺骨を埋めるなど、さまざまな選択肢が用意されています。

その中に、バラの木の根元に眠る「メモリアル・ガーデン」という選択があります。バラの木の下に小さなプレートがあり、そこに故人の名が記されているのです。そこはいわゆる森林埋葬地で、一一六エイカーの広い牧場の一角です。遺体を埋葬した場所には苗木が植えられており、いつの日かここは、うっそうとした森になるわけです。

矢作　山で死んで今も遺体が見つからない方もいます。植村直己さんもアラスカのマッキンレーで遭難しましたが、まだ遺体は見つかっていません。

一条　氷河が墓標のようなものですね。この「死んだら木になって森をつくろう」というエコロジカルなイギリスの葬法は一九九四年に登場しましたが、これと同じ発想から生まれたのが一関市の「樹木葬」なのです。

樹木葬は「散骨」ではないので、遺骨を砕きません。骨壺に納められたお骨を持参して、約三〇センチ掘られた穴に入れ、それから土をかけて、山ツツジなどを植えます。千坂《ちさか》住職の読経の中、儀式は終了します。墓地と隣地との境界にはあじさいが植えられているだけです。樹木葬とは、「死して土に還る」「やがて花木となってよみがえる」という葬法なのです。

海洋葬や樹木葬はいわば「地球」に目を向けたローテク葬法ですが、二十一世紀の現在、「宇宙」に目を向けたハイテク葬法も実現しています。毎年、地球軌道上には、気象観測や通信・放送といったさまざまな目的で、数多くの人工衛星がロケットによって打ち上げられています。その衛星ロケットに故人の遺骨を乗せて、地球軌道上に打ち上げるというメモリアル・サービスが「宇宙葬」といわれるものです。

遺骨を預かり、専用のカプセルに入れて、申し込みから最も近い時期に打ち上げられる衛星ロケットに乗せます。遺骨を納める専用カプセルの側面には、故人が生前に残した「ことば」や家族・友人たちからの「メッセージ」が刻印されます。また、同じ衛星ロケットに乗った故人全員のプロファイルとともに、故人の写真や経歴、家族・友人からのメッセージなどを載せた記念誌が作成され、依頼者に渡されます。さらに、衛星ロケットの打ち上げから、地球周回の軌道に乗るまでが撮影され、記録ビデオとして編集後、渡されます。ロケットの打ち上げが海外で行われるため、立ち会いのできなかった遺族も、このビデオによって「宇宙葬」の様子を見ることができるわけです。そして最後に、遺骨が打ち上げ後、確実に地球周回軌道に乗ったことを証明する「宇宙葬証明書」が発行されます。打ち上げに使用した衛星ロケットの写真とともに記念に保管するのです。

矢作　さまざまな別れの儀式が用意されているんですね。選べるということは、豊かさに通じると思います。要は、送られる側の人と送る人たちとの心が通じ双方の心が満たされればよいのだと思います。さまざまな工夫を凝らしてユーザーの気持ちに添い、さらにその選択肢を増やすというところにプロ意識を感じさせられました。

一条　わたしは以前から二十一世紀の「葬」のあり方として「月面聖塔」および「月への送魂」というものを提案してきましたが、最近になって、遺骨や遺灰を月面に運搬するという「月面葬」が登場しました。

宇宙への輸送ビジネスをめざすアメリカのベンチャー企業が、商業目的で打ち上げる初の月面探査機計画について、米国政府から許可を得たのです。一九六七年に発効した宇宙条約は、月をどの国の領土とすることも禁じていますが、平和利用は容認されています。まずは、さまざまなお届けものを月面に運んで、置いてくるというビジネスからスタートします。

矢作　月に遺骨を運ぶわけですね。

一条　現在生存中の人が月面に届けるものとしては次のようなものが考えられています。表札、名刺、毛髪・爪など本人の身体の一部、顔写真、装身具、氏名入りの記念品、故人となった両親・身内・親族・先祖などの形見類、ペットの写真、企業のロゴマークや商標、一家繁栄・交通安全・入学祈願といったお守り札などです。

故人、あるいは将来故人となってからのお届けものは、慰霊碑、遺骨、遺灰、戒名札、遺言状、メッセージ、ＣＤ‐ＲＯＭ、ＤＶＤ盤、財産目録などです。これらのメモリアル・グッズを月面に安置してもらい、はるか彼方の地球より個人を偲《しの》ぶのが「月面葬」なのです。

矢作　月を見上げることで供養になるわけですね。

■ブッダは葬儀を否定したのか

矢作　ブッダは生前、一番弟子であるアーナンダに「お前たちは修行完成者（ブッダのこと）の遺骨の供養にかかずらうな。どうかお前たちは正しい目的のために努力をせよ」と言ったといわれていますよね。

一条　葬式仏教の批判者や、葬式無用論者たちが必ず口をそろえていうブッダの葬式観ですね。彼らは、ブッダは決して霊魂や死後の世界のことは語らず、この世の正しい真理にめざめて、一日も早く仏に到達することを仏教の目的にしたのだと述べています。

たしかにブッダは、弟子の一人から、「如来の遺骸はどのようにしたらいいのでしょうか」と尋ねられたときに、

「お前たちは、如来の遺骸をどうするかなどについては心配しなくてもよいから、真理のために、たゆまず努力してほしい。在家信者たちが、如来の遺骸を供養してくれたのだろうから」と答えています。また、自分自身の死に関して

は、
「世は無常であり、生まれて死なない者はいない。今のわたしの身が朽ちた車のようにこわれるのも、この無常の道理を身をもって示すのである。いたずらに悲しんではならない。仏の本質は肉体ではない。わたしの亡きあとは、わたしの説き遺した法がお前たちの師である」と語っています。

矢作　弟子たちによってブッダは死後、火葬され、さらに遺骨は八つに分配され、それぞれの仏舎利塔に納められたと聞いています。

一条　仏教における、一つの原型が作られたわけです。

矢作　ブッダが言いたかったのは、葬式不要ではなく、遺骨崇拝の無意味さではないですか。

一条　そういう面がたしかにあったと思います。死は多くの人々にとって悲しい出来事です。しかし死は決して不幸ではありません。なぜなら死が悲しいのは、「死」そのものの悲しさではなく、「別れ」の悲しさだからです。

人間にとって最大の悲しみは、じつは自分自身が死ぬことよりも、自分がこの世で愛してきたものと別れることではないでしょうか。とくに自分という一人の人間をこの世に送り出してくれた父や母と別れることは、そのときの年齢によっても多少の違いはあるでしょうが、人生の中でもっとも悲しい出来事の一つです。

したがって、どんなに宗教に対して無関心な人間でも、自分の親の葬式を出さないで済ませようとする日本人は、まずいません。

仮に遺言の中に、「自分が死んでも葬式を出す必要はない」と書いてあったとしても、それでは遺族の気持ちがおさまらないし、実際にはさまざまな理由によって、葬式が行われるのが普通です。

ブッダに葬式を禁じられた弟子の出家者たちも、自分自身の父母の死の場合は特別だったようですし、ほかならぬブッダ自身、父の浄飯王や、育ての母であった大愛道の死の場合は、自らが棺をかついだという記述が経典に残っています。

それは葬式というものが、単に死者に対する追善や供養といった死者自身にとっての意味だけでなく、死者に対する追慕や感謝、尊敬の念を表現するという、生き残った者にとってのセレモニーという意味を持っているからなのです。

矢作　遺族にとって重要だということですね。

一条　そこには「人の道」という考え方も入ってきます。ブッダと並ぶ東洋の聖人といえば孔子ですが、彼が開いた儒教では葬儀を非常に重要視しました。「人の道」というのは、今から二千四百年ほど前に中国で儒教が生んだ考え方です。

孔子の死後、百年たってから誕生した孟子は、人の道を歩むうえで一番大切なことは、親の葬儀をあげることだと述べています。親に限らず、愛する肉親の葬儀をきちんとあげることは、人間として当然のことであることは言うまでもありません。

ネアンデルタール人だけでなく現生人類の直接の先祖であるクロマニョン人にも埋葬の習慣がありました。埋葬によってサルがヒトになったとも言われるほど、葬儀は「人類の精神的存在基盤」と呼べるものなのです。

かつては、あらゆる動物の中で人間だけが自分の死期を悟ると言われていました。しかし今では、自らの死が近づくと姿を隠す習性のある他の動物も多いことが知られています。ただ、古代から死者を弔う儀礼を持つのは人間だけであることは間違いないようです。人間とは、葬儀を行う動物なのですね。いや、葬儀を行うから人間なのでしょう。

矢作　死は門出です。この世を卒業してあの世へ還る、「里帰り」です。看取るとは、人生、どうもお疲れさま、と声をかけて、亡くなった方に首《こうべ》を垂《た》れる行事であると同時に、旅立った方を祝う儀式でもあるのです。

わたしたちの人生は、この世限りではありません。あの世も存在し、輪廻転生もあるのですから、まだまだ続きます。その長い旅路の中で、「今回の人生」を卒業したということで、祝いの儀式なのです。

■フューネラル産業の未来

一条　わたしは、フューネラル産業、つまり葬祭業というのは一種の交通業であり旅行業であると思っています。「あの世」という目的地は、浄土、天国、ニライカナイ、幽世《かくりよ》などなど、さまざまな呼び方をされます。わたしはまとめて心の理想郷という意味で「ハートピア」と呼んでいますが、ハートピアへ行くには飛行機、新幹線、船、バス、タクシー、それにロケットと数多くの交通手段があるのです。それが、さまざまなお葬式です。新幹線しか取り扱わない旅行代理店など存在しないように、魂の旅行代理店としての葬祭業も、お客さまが望むなら、あらゆる交通機関のチケットを用意すべきです。

矢作　たしかにそういう自由さはあってもいいですね。精神の部分ではなく、あくまでも交通機関の選択であるということですね。

一条　そうです。二〇〇四年、北九州市に「北九州紫雲閣」という日本最大級のセレモニーホールをオープンさせましたが、そこではあらゆるスタイルのお葬式を行うことが可能となっています。従来の仏式葬儀はもちろん、本格的な神殿と教会も設け、神葬祭およびキリスト教式もできます。また、海洋葬、樹木葬、宇宙葬、月面葬をお望みの方には、そのお世話をさせていただきます。もちろん、音楽葬、ガーデン葬、その他もろもろのスタイルのお葬式もすべて可能です。ぜひ、その中から故人にふさわしいお葬式を選んでいただきたいと思います。

わたしが以前から提案している「月への葬魂」もプランの一つとしてエント

リーしています。どのお葬式が正しいということはありません。いわば、お葬式の百貨店、お葬式の見本市のような場所です。

わたしは、セレモニーホールの本質とは、死者の魂がそこからハートピアへ旅立つ、魂の駅であり、魂の港であり、魂の空港であると思っています。その意味で、「魂のターミナル」をめざしているのかもしれません。

矢作　病院で死ぬこともさることながら、死んで送り出されていくところが、初めて行く場所というのもさみしいですね。

一条　おっしゃる通りです。ですから、普段からカルチャー教室や食事会などが開かれる思い出のある場所から送ってさしあげたいと思っています。そのセレモニーホールには、お元気なアクティブ・シニアの方々のためのカルチャーセンターやパーティー会場も併設しています。いわば、高齢者用の複合施設ですね。

昔は人が一人亡くなったら大変でした。葬式がお寺から、家から、葬祭会館に変わったということで、ある意味便利になったわけです。その反面、死を社会から遠ざけてしまった。セレモニーホールというシステムを生み出した責任を感じています。
今、血縁や地縁を復活させるということで「隣人祭り」というのも開いていますす。近所の人たちなどと交流を図る場で、孤独死がすこしでも減ってくれればと思っています。相互扶助のスイッチをもう一度ONにしたいということです。村上和雄先生いわく、死を意識すると、何でもスイッチオンになるそうですから（笑）。

矢作　メメント・モリですね。たしかに感謝の気持ちが出ます。

一条　先ほども言いましたが、わたしは老人会など高齢者の前で講演するとき、いつも「自分の葬式のイメージをしてください」という話をします。遺影を飾り、どんな人が来てくれるのか。弔辞でやさしい人だったと言われたいなら、そのように生きないといけません。死を意識することは、今の生き方にフィードバックさせることだと思います。自己啓発の名著として名高いスティーブン・コヴィーの『7つの習慣』（キングベアー出版）にも同じ話があります。

矢作　わたし自身は大学に献体登録しているので、うまいこと死亡診断書が書かれる状態で死亡したら、大学の献体葬儀にお任せし、遺骨は大学の納骨堂に納めてもらえれば幸いです。異状死（警察・監察医の御厄介になり死体検案書が出される）であればお手数ですが、献体登録した大学に連絡してもらって遺骨を引き取ってもらえるかどうか伺い、引き取り可能であれば大学の納骨堂に納めていただきたいと思います。もし引き取り不可能であればいかようにでもしていただいてけっこうです。墓は要りません。

一条　ブッダが「生老病死」を説かれてから二千五百年が経過しました。「老いる覚悟」と「死ぬ覚悟」のある社会を実現するのは、世界一の高齢化先進国である日本であるべきではないでしょうか。

矢作　大いに期待しています。

一条　それにしても、今回の対談は、まるでもう一人の自分と話しているような錯覚に何度もとらわれました。矢作さんとは同じ死生観を共有するだけでなく、「死は不幸ではない」という真実を広く世の人々に伝えたいという志も共有しています。多くの死にゆく人々を「死の不安」から解放し、多くの愛する人を亡くした人々の「死別の悲しみ」をすこしでも軽くすることを願っています。

おわりに　前向きな死生観・生きる希望

「太陽と死は直視できない」とは、ラ・ロシュフーコーによる箴言です。

たしかに太陽も死もそのまま見つめることはできません。しかし、専用のサングラスをかければ太陽を見ることはできます。同じように「死」という直視できないものを見るためのサングラスとは「愛」ではないでしょうか。

誰だって死ぬのは怖いし、自分の死をストレートに考えることは困難です。しかし、愛する恋人、愛する妻や夫、愛するわが子、愛するわが孫などの存在があったとしたらどうでしょうか。人は心から愛するものがあってはじめて、自らの死を乗り越え、永遠の時間の中で生きることができるのです。

わたしは「死は不幸ではない」という言葉を口癖にしていますが、矢作直樹先生との二度にわたる対談では、大きな学びをいただきました。七年前、亡くなられた患者さんに心の中で「お疲れ様」と声をかけられるとお聞きし、医療の最前線に立ってこられた矢作先生の医師としての矜持を感じました。

矢作先生のお名前を初めて知ったのは、処女作『人は死なない』を読んだときです。新聞の書籍広告で見つけた本ですが、タイトルに惹かれて注文しました。「人は死なない」も、わたしの口癖の一つだったからです。同書には、「ある臨床医による摂理と霊性をめぐる思索」というサブタイトルがついていました。なんと著者は、東京大学大学院医学系研究科・医学部救急医学分野教授にして、東京大学医学部附属病院救急部・集中治療部部長とのこと。まず、わたしは日本を代表する一流の医学者が同書を書いたという事実に驚き、さらに一読して、矢作先生の「命」に対する深い哲学に感銘しました。

二〇一一年秋、わたしは矢作先生に初めてお会いしました。先生が勤務される東大病院を訪ねたのです。訪問に至るまでの経緯は、本書の中で語っております。東大病院の重厚な建物の中に入り、一階の受付で名前を告げると、青い診療衣を着た矢作先生がわざわざ迎えに来てくださいました。そのまま救急部の図書室に案内され、そこでわたしたちは初対面の挨拶をしました。

不思議な運命の糸に手繰り寄せられてやっと出会えたわたしたちは、ずっと喋り通しでした。こういうことを言うと不遜かもしれませんが、これほど話題や考え方が自分と合う方には久々にお会いしました。宗教哲学者の鎌田東二先生（京都大学名誉教授、上智大学グリーフケア研究所特任教授）以来の運命の出会いかもしれません。とにかく、矢作先生とは二人でずっと「命」と「死」と「葬」について夢中になって語り合いました。

当時の矢作先生ご自身は日本を代表する現役の臨床医でしたが、そんな方が「魂」や「霊」の問題を正面から語り、「人は死なない」と堂々と喝破されました。これほど意義のあることはありませんし、ものすごい勇気が必要だったと思います。おそらく、矢作先生の勇気ある行動を良しとしない人たちも多かったことでしょう。しかし、多くの死に行く人々の姿を見ながら、多くの尊い命を救いながら、またあるときは看取りながら、矢作先生は真実を語らずにはいられなかったのです。まさに、矢作先生こそは、孔子が述べた「義を見てせざるは勇なきなり」を実行された「勇気の人」であると思います。そして、現役の東大医学部の教授にして臨床医が「死」の本質を説いたことは、末期の患者さん、その家族の方々にどれほど勇気を与えたことでしょうか！

矢作先生は「義」だけでなく「礼」の人でもあります。昭和三十一年生まれの先生は、三十八年生まれで七歳も年下のわたしに対して非常に礼儀正しく接してくださいました。最後は、わざわざ東大病院の玄関まで一緒に下りていただいたうえ、わたしの姿が完全に見えなくなるまで数分間もずっと立ったまま見送ってくださり、大変恐縮しました。

その姿は医師というよりは、まるで一流ホテルあるいは老舗旅館の総支配人のようでした。「ホスピタリティ」を発揮する場としてのホテルもホスピタル（病院）もルーツは同じですが、まさに矢作先生に「ホスピタリティ」を見た気がしました。「礼」も「ホスピタリティ」も、その原点は「送る」という行為にあります。訪問客を見送ること、故人を送ること……二つの営みは根本的に同じなのです。あらためて矢作先生から、そのことを教えていただきました。

七年前、わたしは、矢作先生と死別の悲嘆に寄り添う「グリーフケア」の重要性について語り合いました。その後、二〇一八年に、わたしは上智大学グリーフケア研究所の客員教授に就任、現在は葬儀や遺族会を中心としたグリーフケアの研究と実践に取り組んでおります。また、グリーフケアの資格認定制度の立ち上げにも関わり、二〇二一年度の開始を目指しています。

拙著『愛する人を亡くした人へ』が刊行された二〇〇七年、「グリーフケア」という言葉を知っている人はほとんどいませんでしたが、東日本大震災が発生した二〇一一年以降、その重要性が広く認知されてきたように思います。

今また、新型コロナウイルスの感染拡大を受けて、人々のあいだに巨大な悲嘆が生まれ続け、まさに、わたしたちの社会は「グリーフ・ソサエティ」と化しているように思います。そんなとき、七年ぶりに矢作先生と対談させていただき、本当にありがたく感じています。文庫になった本書が、多くの方々が前向きな死生観を持ち、生きる希望を抱く一助になってくれることを願ってやみません。

一条真也

著者紹介
矢作直樹（やはぎ　なおき）
東京大学名誉教授。
神奈川県生まれ。金沢大学医学部卒業。麻酔科を皮切りに救急・集中治療、内科、手術部などを経験。1999年、東京大学大学院新領域創成科学研究科環境学専攻および同工学部精密機械工学科教授。2001年、東京大学大学院医学系研究科救急医学分野教授および同医学部附属病院救急部・集中治療部部長。2016年３月に任期満了退官。
著書に、『人は死なない』（バジリコ）、『おかげさまで生きる』（幻冬舎）、『日本史の深層』（扶桑社）、『日本歴史通覧　天皇の日本史』（青林堂）などがある。

「矢作直樹」公式ウェブサイト
http://yahaginaoki.jp

一条真也（いちじょう　しんや）
作家。株式会社サンレー代表取締役社長。
1963年福岡県生まれ。早稲田大学政経学部卒業。全国冠婚葬祭互助会連盟（全互連）前会長、一般社団法人全日本冠婚葬祭互助協会（全互協）副会長。上智大学グリーフケア研究所客員教授。九州国際大学客員教授。2012年、第２回「孔子文化賞」受賞。
主な著書に、『決定版　年中行事入門』（ＰＨＰ研究所）、『愛する人を亡くした人へ』『死を乗り越える名言ガイド』（以上、現代書林）、『人生の修め方』（日本経済新聞出版）、『人生の四季を愛でる』（毎日新聞出版）など多数。

一条真也オフィシャル・サイト
https://heartful-moon.com/

本書は、2013年７月にＰＨＰ研究所から刊行された作品を加筆・修正したものです。

ＰＨＰ文庫　命には続きがある

2021年２月16日　第１版第１刷

著　者	矢　作　直　樹 一　条　真　也
発行者	後　藤　淳　一
発行所	株式会社ＰＨＰ研究所

東京本部　〒135-8137　江東区豊洲5-6-52
ＰＨＰ文庫出版部　☎03-3520-9617（編集）
普及部　☎03-3520-9630（販売）
京都本部　〒601-8411　京都市南区西九条北ノ内町11

PHP INTERFACE　https://www.php.co.jp/

組　版	株式会社PHPエディターズ・グループ
印刷所 製本所	図書印刷株式会社

ISBN978-4-569-90106-0

PHP文庫

［完全版］生きがいの創造

スピリチュアルな科学研究から読み解く人生のしくみ

飯田史彦 著

多くの人々の人生観を変えた科学的スピリチュアル人生論『生きがいの創造』に、著者が感得した最新情報を盛り込んだ同シリーズ完全版。

PHP文庫

神仏に愛されるスピリチュアル作法

桜井識子 著

「ご縁の不思議」「口約束にも言霊は宿る」「霊格を上げる方法」など、スピリチュアルな世界を日常生活に活かすヒントを一挙紹介！

PHP文庫

幸せはあなたの心が決める

渡辺和子 著

シスター渡辺が、幸福に生きるために大事なこと、困っても困らない生き方を説いた、人生の指南書。30万部ベストセラー待望の文庫化。